마음에 힘이 되는
하루 한 문장 영시 필사

일러두기

※ 본문에 실린 영시는 저자가 직접 번역하였으며, 원문에 충실하되 문장 부호는
   한국어 규범을 따랐다.
※ 본문에 실린 필사용 문장은 필기 적합성을 고려하여 원문과 일부 구성·표현이
   다를 수 있다. 정확한 이해를 위하여 수록된 원문을 확인하길 바란다.

마음에 힘이 되는
하루 한 문장 영시 필사

위혜정 지음

센시오

'안단테(Andante) : 조금 느리게'
용기 있는 소신이 실린 속도

피아노를 처음 배우던 시절, 그러니까 초등학교 저학년 무렵이다. 곡의 템포를 조율하는 빠르기의 용어는 온통 낯선 이탈리아어였다. '아다지오', '아다지에토', '아단티노', '안단테', '모데라토' 등 의미를 추측할 수 없는 알파벳 뭉치들은 그저 혼동이었다. 악보 여기저기에 지시등처럼 서 있는 빠르기의 변주는 조그마한 손가락 위에 얹어진 또 다른 버거움이기도 했다. 다행히 조여 오는 속도를 살짝 늦춰주는 악상 기호, 안단테를 만났다. 흐름을 부드럽게 매만진 후 다시 원래 궤도로 올려주는 '조금 느리게'는 삶에 꼭 필요한 충전 구간이기도 하다.
'안단테'는 단순한 느림이 아니다. '걷다(Andare)'라는 동사의 어원으로 '천천히 걷는 속도로', '걸어가듯 적당히 느리게'를 의미한다. 앞뒤로 연주되는 선율의 빠르기에 기댄 상대적 변속이자 흐름의 강약을 조절하는 변환 장치이다. 그래서인지 '안단테'는 쾌속 질주의 속도전으로부터의 자유, 직선의 길에서 살짝 빠져나오는 샛길의 일탈, 분주한 머리를 식히는 산책길과 어울린다. 산책의 '산(散)'은 '흩어서 풀어냄', '책(策)'은 '꾀, 헤아림, 채찍'을 뜻한다. 메어 있던 생각과 머리 굴림의 강박에서 벗어나 구속 없이 자유롭고 완만한 행보가 산책이다. 요즘 시대에 칭송받는 프레스토(아주 빠르게)의 삶을 거스르는 용기이기도 하다.

인간의 뇌는 천천히 걷는 속도에 맞춰 주변 정보를 인식하도록 진화해 왔다. 달리면서 많은 것을 놓치게 되는 건 어쩌면 당연한 순리이다. 분주한 삶 속에 영시가 비집고 들어올 틈이 없었다. 다행히 멈추어 호흡을 고르던 때가 왔다. 영육이 지쳐 바닥에서 뒹굴던 코로나 시절이었다. 지친 마음을 일으켜 주었던 것은 놀랍게도 시였다. 시인들이 건네는 짧고 압축적인 언어가 그토록 마음의 울림과 위로가 될 수 있다니 신선하고도 신기했다.

에린 헨슨의 〈Not(아닌 것)〉을 곱씹으며 내가 아닌 것들로 나를 정의하며 뒤척였던 지난날에 미안했다. 마샤 메데이로스의 〈Die slowly(서서히 죽어가는 사람)〉를 통해 일생에 적어도 한 번은 합리적인 조언을 거부했던 어설픈 소신에 당당함을 배웠다. 헨리 워즈워스 롱펠로의 〈Psalm of Life(인생 찬가)〉를 음미하며 과거나 미래가 아닌, 지금을 살아야 한다는 현답을 건졌다. 그저 어렵게만 느껴졌던 영시가 마음 한구석에 한 줄기의 떨림으로 다가왔다. 잔잔한 물결이 일렁이듯 시는 천천히 내면의 경계를 허물고 마음을 촉촉하게 적셨다.

가슴 한편에 시에 대한 고마움도 자리했다. 감히 영시라는 테마로 글을 펼쳐놓게 된 것은 시를 유려하게 해석할 수 있는 능력이 있어서가 아니다. 그만한 전문성이 내겐 없다. 다만, 삶의 노래가 되어주었던 영시를 나만의 속도와 시선으로 바라볼 용기 한 줌을 꺼내 든다. 시가 주는 힘을 나누고 싶은 마음, 읽을수록 공감 지대가 넓어지는 영시와의 만남이 누군가에게 필요하리라는 기대감과 함께 말이다.

옛 시인들의 노래가 여전히 공명되는 시의 초월성은 우리네 삶의 보편성을 의미한다. 예나 지금이나 크게 달라지지 않은 삶의 모양새를 조명하며 영시가 건네는 방향과 지혜를 받아들일 수 있는 이유이다. 한 템포 조금 느리게 삶을 산책할 때, 각자의 삶은 한 편의 시가 된다. 시를 타고 마음의 발걸음이 닿는 대로 천천히 흘러가는 '안단테' 효과를 누릴 수 있다. 안단테와 영시가 만나 마음에 힘이 되고 삶을 살찌우며 산책하듯 거닐었다. 봄, 여름, 가을, 겨울이라는 계절의 변화에서부터 시작의 설렘, 찬란한 방황과 성장, 깨달음과 결실, 저무는 쓸쓸함이라는 인생의 사계절까지. 시가 주는 메시지를 마음에 담으며 감탄을 연발했다. 먼 옛적 시인들이 품었던 시선의 각도, 태도의 주파수가 현재라는 채널에 맞추어도 여전히 잡음 없이 수신되었다.

누구나 예외 없이 생의 사시사철을 지난다. 언제, 왜, 어떤 풍경에 닿을지는 알 수 없다. 삶의 희로애락을 담은 인생 시를 어떻게 써 내려가느냐는 각자의 몫이다. 시를 필사하면서 나만의 렌즈로 삶을 들여다보며 힘을 얻길 원하는 분들에게 초대장을 건넨다. 울퉁불퉁한 마음의 표면에 잘 스며들 수 있도록 채로 거르는 마음으로 시를 선별했다. 꼭 영미 문화권에서 탄생한 시가 아니더라도 나누고 싶은 영어 번역 시들도 함께 담았다. 《80일간의 세계 일주》에서 주인공 필리어스 포그가 80일 동안 지구 한 바퀴를 경험했던 것처럼 80일 동안 삶의 주제들을 하나하나 곱씹을 수 있도록 구성해 보았다.

영시를 통해 마음에 안위를 얻고 알게 모르게 혹사된 내면을 일으키는 시간이

쌓이면 좋겠다. 응원의 마음을 담아 음악의 천재 모차르트가 남긴 명언과 그의 음악 '안단테'를 들려드리고 싶다. '시간'을 재료로 아름다운 명곡을 탄생시킨 모차르트처럼 시간의 공을 들여 나만의 인생 시를 천천히, 정성스레 쓸 수 있기를 진심으로 바란다. 영시 필사와 함께.

"사람들은 내 음악이 쉽게 만들어진다고 생각하는 우를 범한다.
 그 누구도 나만큼 작곡하는 데 시간을 보내고
 작곡에 대해 생각하지는 않았을 것이다."
 _ 볼프강 아마데우스 모차르트

당신의 오늘을 따뜻하게 토닥이며
글 짓는 교사 **위혜정**

 **필사에 어울리는 추천 음악**
볼프강 아마데우스 모차르트 : 피아노 콘체르토 21. 안단테

Contents

영시, 이렇게 읽으세요

'It's all Greek!'이란 말이 있죠? 셰익스피어가 그의 작품 《줄리어스 시저》에서 처음 사용한 'It was Greek to me'에서 유래된 표현이에요. 그리스어는 영어권에서도 어려운 언어인 만큼 '온통 그리스어 같아!' 즉, '무슨 말인지 하나도 모르겠어!'라는 의미를 가집니다. 도통 이해가 안 되는 답답함, 혹시 영시가 그렇다고요? 사실, 처음에 저도 그랬어요. 문학 소녀가 아니었기에 그저 어렵다고 밀어냈던 선입견 때문이었죠. 그런데 웬걸요? 쉽게, 혹은 깊이 다가오는 시들이 있더라고요. 사랑은 타이밍이라더니 영시가 그랬던 것 같아요. 딱 필요한 때에 양손이 만나 '짝!' 소리가 나듯 뒤늦게 '아하!'의 순간이 찾아왔답니다. 그러니, 처음부터 너무 어렵게만 생각하지 마세요!

우선, 긴장을 풀고 시를 천천히, 한 소절씩 읽어보세요. 전체를 다 이해할 필요는 없어요. 완벽함에 대한 강박을 내려놓고, 마음을 두드리는 딱 하나의 구절이 있다면 멈춰 서세요. 무조건 성공이에요! 아름다운 시어를 발견하면 '어떻게 이런 표현을?' 하는 찬사와 함께 마음 한편에서 굴려 보세요. 흘려버리지 말고, 다시 곱씹어 보는 거죠.

시의 제목만으로도 여운이 진하게 남을 때가 있어요. 제목이든, 시어든 머릿속에 고이 책갈피 해 두었다가 그 한 소절로 진짜 책갈피를 만들어 보는 건 어떨까요? 시인의 마음에 접속되어 나에게로 건너오는 깨달음의 전율을 느껴보세요.

고전적 형식의 운율과 압운을 찾으며 시를 읽는 것도 재미가 쏠쏠합니다. 음악적 리듬, 규칙성, 비슷한 발음의 어휘를 묶어서 익힐 수 있고, 시인들의 놀라운 위트에도 탄성이 절로 나오지요. 언젠가 '나도 한 번?' 하고 시를 쓰게 될 때, 적용해 볼 수 있는 기법을 배우는 과정으로 여기면 어떨까요?

시적 감성이 쌓이면 이 책의 부록을 참고하여 나만의 영시를 끄적여 보세요. 어법성에 옥죄일 필요는 없어요. '시적 허용'이라는 말이 있잖아요. 자유롭게, 그리고 마음껏 나만의 시를 써보는 거예요. 완벽한 문장은 아니어도, 단어를 하나씩 엮는 것만으로도 강렬한 느낌을 풀어낼 수 있어요. 그 자체가 멋진 예술이 아닐까 싶어요.

🎵 봄에 어울리는 추천 음악
① 비발디 〈봄〉 ② 히사이시 조 〈꽃의 정원〉

Spring
인생의 봄

봄은 견자(見子)의 계절이에요.

순우리말 '봄(見)'에서 따온 이 계절에는 눈에 담을 것들이 어쩌면 이리 많은지요.

여기저기 터지는 꽃망울에 발걸음을 멈추고

금세 사라질세라 아껴가며 마음에 담습니다.

인생의 봄 역시 희망과 행복으로 부풀어 오르는 시절입니다.

소싯적 순수함이 봄과 함께 익어왔고요.

투명한 아이의 마음을 누구나 경험했고

그 씨앗은 여전히 삶의 구석구석에서 싹을 틔웁니다.

새순처럼 돋아난 나를 향한 마음,

자존감과 정체성이 스러지지 않도록 잘 들여다보며 가꾸어 가야겠지요.

빛, 물, 영양은 기본이고 필요할 때 버팀목 하나쯤 미리 세워주어도 좋습니다.

인생의 봄은 준비 기간이자 가능성을 채우는 시간이 아닐까 싶어요.

그래서 봄 같은 계절은 없다는 시가 탄생한 것 같아요. 갓 피어난 봄의 소중한 감성을

놓치지 말고 눈으로, 귀로, 마음으로, 그리고 시 안에서 풀어볼 준비가 되셨나요?

Spring _ Christina Rossetti

Day 1

There is no time like Spring,
When life's alive in everything,
Before cleft swallows speed their journey back
Along the trackless track,
God guides their wing,
He spreads their table that they nothing lack,

봄 같은 계절은 없어요.
모든 것에 생명이 살아 숨 쉬는 때잖아요.
꼬리 끝이 갈라진 제비들이 속도를 높여
보이지 않는 하늘길을 따라 돌아오기 전에
하나님이 그들의 날개를 인도하시고
부족함 없는 식탁을 펼쳐 주시거든요.

어휘

cleft swallow 꼬리 끝이 잘린 제비   trackless 길 없는

Q. 나에게 봄은 어떤 의미인가요? 봄의 무엇이 가장 좋은가요?

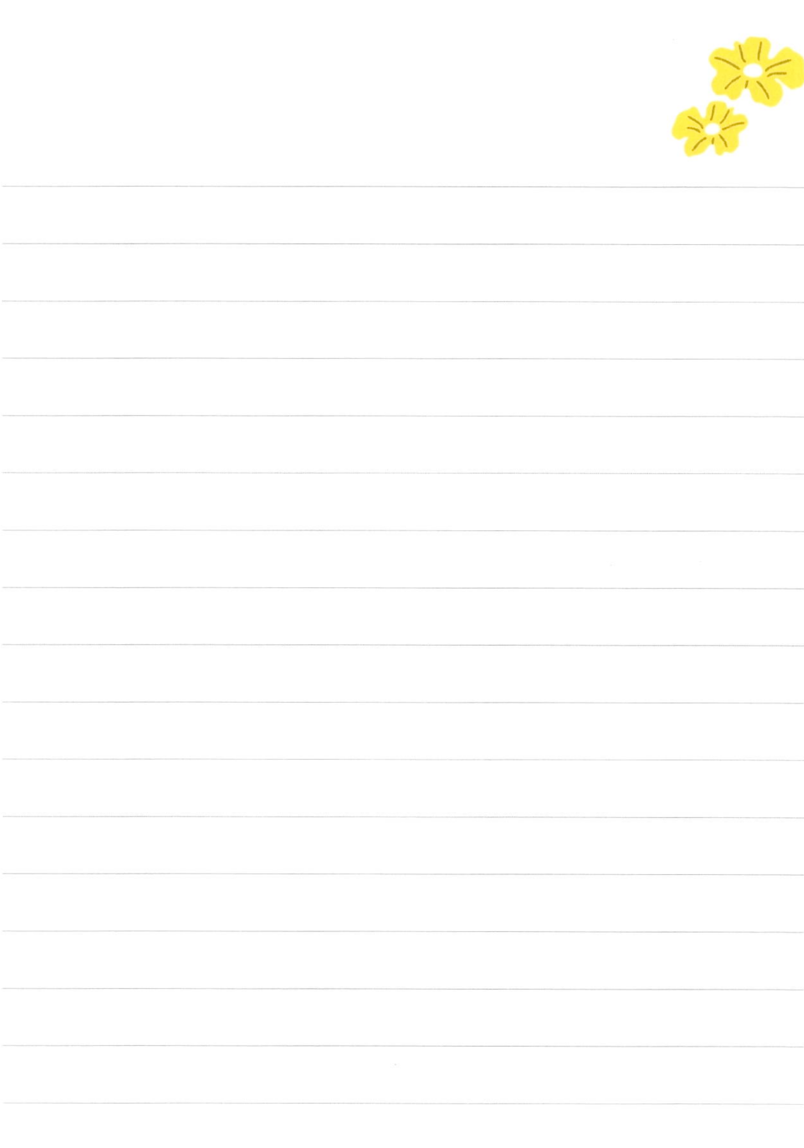

There is no time like Spring,
Hatched in the nest,
Fledged on the windy bough,
Strong on the wing:
There is no time like Spring that passes by,
Now newly born, and now
Hastening to die.

봄 같은 계절은 없어요.
둥지에서 새끼가 부화되고
바람에 나부끼는 나뭇가지에서 날아올라
힘찬 날개짓을 하지요.
지나가는 봄 같은 계절은 없어요.
이제 막 태어났다 싶다가도 이내
서둘러 사라지거든요.

어휘

hatch 부화하다   **fledge** (보금자리에서) 날아갈 수 있게 되다   **bough** 가지
newly born 갓 태어난   **hasten** 서두르다

Q. 금세 지나가는 봄에 가장 해보고 싶은 것은 무엇인가요?

Spring

_Christina Rossetti

Frost–locked all the winter,
Seeds, and roots, and stones of fruits,
What shall make their sap ascend
That they may put forth shoots?
Tips of tender green,
Leaf, or blade, or sheath;
Telling of the hidden life
That breaks forth underneath,
Life nursed in its grave by Death.

Blows the thaw — wind pleasantly,
Drips the soaking rain,
By fits looks down the waking sun:
Young grass springs on the plain;
Young leaves clothe early hedgerow trees;
Seeds, and roots, and stones of fruits,
Swollen with sap, put forth their shoots;
Curled–headed ferns sprout in the lane;
Birds sing and pair again.

There is no time like Spring,
When life's alive in everything,
Before new nestlings sing,
Before cleft swallows speed their journey back
Along the trackless track,
God guides their wing,

He spreads their table that they nothing lack,
Before the daisy grows a common flower,
Before the sun has power
To scorch the world up in his noontide hour.

There is no time like Spring,
Like Spring that passes by;
There is no life like Spring–life born to die,
Piercing the sod,
Clothing the uncouth clod,
Hatched in the nest,
Fledged on the windy bough,
Strong on the wing:
There is no time like Spring that passes by,
Now newly born, and now
Hastening to die.

Level up English

1연에서부터 봄이 품은 자연물을 줄줄이 만날 수 있다. '총을 쏘다'는 기본 의미가 있는 'shoot'은 시에서는 '새로 돋아난 순, 싹'이라는 확장된 의미로 사용된다. 이제 갓 보드랍게 싹튼 초록, 즉 신록(新綠)은 'tender green'이다. 시금치 같은 보드라운 이파리 채소 등을 'tender greens'라고 일컫는다. 'leaf', 'blade', 'sheath'와 같은 단어들도 엄밀하게 들여다보면 각각 잎의 다른 부위를 지칭한다. 'leaf'는 '잎'의 총칭어이며, 잎의 주요 부위를 '잎새(blade)', 줄기를 싸고 있는 잎의 시작 부분을 '잎집(sheath)'이라고 세밀하게 구분한다.

크리스티나 로제티 Christina Rossetti

영국의 작가(1830~1894). 런던에서 태어나 빅토리아 시대를 대표하는 여성 시인으로 활동했으며, 종교적 신앙과 여성의 내면 세계를 섬세하게 그려낸 서정시로 영문학사에 큰 족적을 남겼다.

영국의 여류 시인 크리스티나 로제티는 제라드 맨리 홉킨스, 버지니아 울프와 같은 작가들에게 영향을 주었다. 독실한 신앙심이 녹아난 시를 많이 썼고, 특히 〈In the bleak midwinter(황량한 겨울에)〉는 'Christmas carol(크리스마스 캐럴)'이라는 음악으로 편곡되어 널리 사랑받고 있다. 〈Spring(봄)〉은 따스한 시인의 시선을 따라 봄을 들여다볼 수 있는 시이다.

두터워진 봄볕 아래 땅이 부풀고 생이 충동하기 시작하는 계절, 봄이다. 겨우내 땅속 깊이 숨겨져 있던 생명을 흔들어 깨운다. 씨앗과 뿌리 안에 갇혀 있던 생장력이 싹(shoots)을 틔우고 보드라운 잎사귀가 만들어진다. 얼어 있던 겨울의 흰서리(frost)가 초록빛(tender green)으로 갈아입는다. 겨울과 봄, 생과 사는 밀접하게 서로 연결되어 있다.

'Blows the thaw—wind pleasantly(날이 풀리는 바람이 기분 좋게 불어오고)', 'Drips the soaking rain(촉촉한 비가 떨어지며)' 등 감각적인 묘사 덕분에 봄이 펼쳐내는 자연이 머릿속에 그려진다. 이를 심상(imagery)이라고 한다. 시간, 청각, 촉각, 후각, 미각 등 오감을 그림 그리듯 생생하게 살리는 시어들 속에 봄이 익어간다.

혹한기를 견뎌낸 봄에 대해 시인은 'There is no time like Spring(봄 같은 계절은 없어요)'이라며 예찬한다. 이 문장, 왠지 익숙하다. 맞다. 《오즈의 마법사》에서 도로시가 'There is no place like home(집이 최고야).'을 외치며 집으로 돌아가고 싶은 심정을 꾹꾹 눌러 담았던 문장이다. 집의 진정한 의미를 아는 사람만이 건넬 수 있는 표현이다. 4계절을 모두 경험해 본 사람만이 봄에 대한 최상급의 수식어를 헌정할 수 있는 것처럼.

봄의 여기저기에서 시작, 희망, 경의, 찬란 등 농축된 설렘이 '톡'하고 터진다. 널려 있는 생동을 수습하여 하늘과 바람과 꽃에 대한 감상을 챙길 때 감동의 밀도가 마음 깊이 압착된다. 보는 자만의 탄성이라고 할까. 그래서 봄(見)인가 보다. 아기의 뽀송한 살내음처럼 갓 태어난 인생에 기대감을 붓고, 설익은 보드라움이 깨질세라 애지중지 아껴 걷는 시절, 누구나 이 봄을 만끽할 자격이 있다. 창문 밖으로 피어나는 새싹을 보았다면, 주저 말고 서둘러 봄의 햇살을 맞이하자. 봄은 오래도록 기다려주지 않으니.

One and Only You _ Deborah Moir

Day 3

Every single blade of grass,
And every flake of snow —
Is just a wee bit different.
There's no two alike, you know.
All were made with THIS in mind:
To be just what they are!

모든 풀잎 하나하나
눈송이 하나하나
서로 조금씩 다르다.
이 세상에 똑같은 것은 하나도 없다.
모든 것은 이렇게 만들어졌다.
그 모습 그대로 존재하도록!

 어휘

blade 잎새　**flake** 조각　**a wee bit** 아주 조금

Q. 다른 사람과 구별되는 나의 모습이 있다면?

How foolish then, to imitate —
How useless to pretend!
There'll only be just ONE of ME.
To show what I can do —

그러니 서로 닮으려 하는 것이 얼마나 어리석은가!
가식적인 겉치레가 얼마나 부질없는 것인가!
이 세상에 오직 나 하나만이
나의 가능성을 보여줄 수 있는 존재이다.

어휘

imitate 모방하다   useless 쓸모없는   pretend ~인 체하다

Q. 다른 사람의 어떤 부분을 닮고 싶은 적이 있었나요? 왜 그런가요?

And you should likewise feel very proud.
There's only ONE of YOU.
That is where it all starts
With you, a wonderful
unlimited human being.

그러니 당신도 자랑스러움을 느껴보라.
이 세상에 당신도 오직 하나뿐이기에.
모든 것이 시작되는 것은
당신으로부터이다. 멋지고
무한한 사람인 당신으로부터.

어휘

likewise 비슷하게　**proud** 자랑스러운　**unlimited** 무한한

Q. 나만의 자랑거리가 있다면?

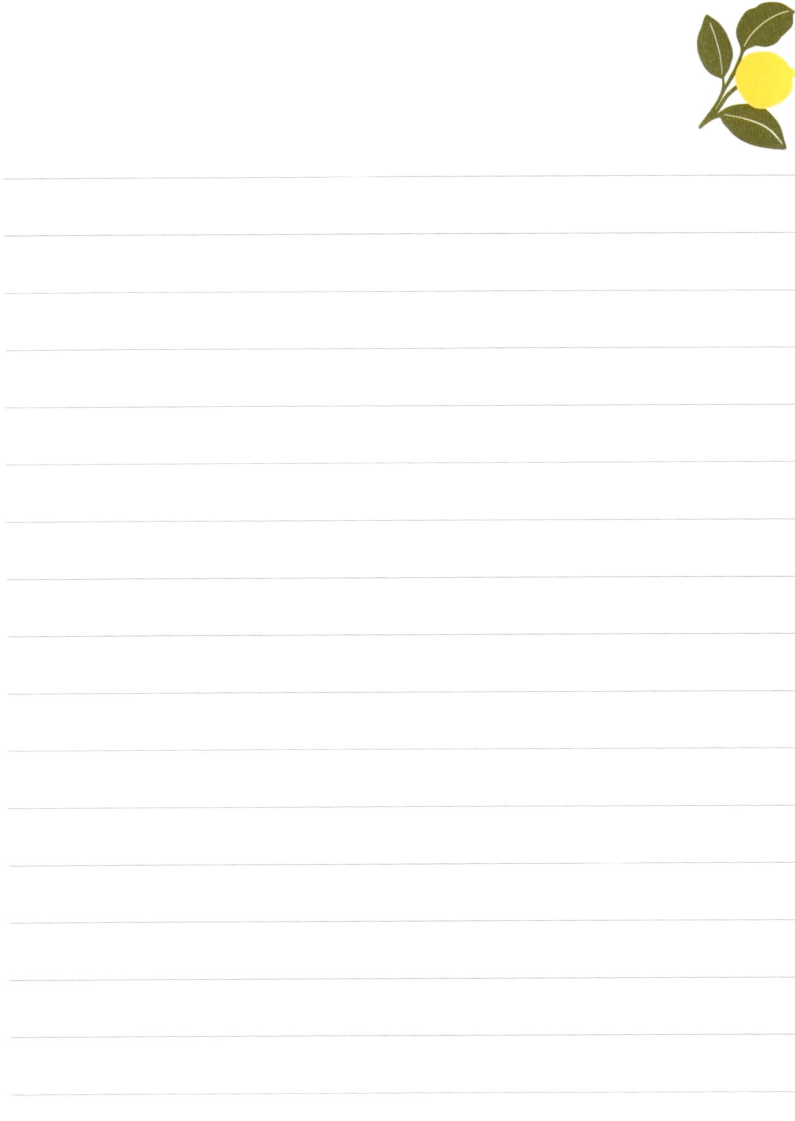

One and Only You

_Deborah Moir

Every single blade of grass,
And every flake of snow—
Is just a wee bit different.
There's no two alike, you know.

From something small like grains of sand.
To each gigantic star
All were made with THIS in mind:
To be just what they are!

How foolish then, to imitate—
How useless to pretend!
Since each of us comes from a MIND
Whose ideas never end.

There'll only be just ONE of ME.
To show what I can do—
And you should likewise feel very proud.
There's only ONE of YOU.

That is where it all starts
With you, a wonderful
unlimited human being.

데보라 모이어 Deborah Moir

미국의 시인(1959~1976). 17세의 젊은 나이에 세상을 떠난 시인으로, 〈One and Only You〉라는 시로 알려져 있다. 이 시는 과거 제임스 T. 무어의 시로 오랫동안 오인되었으나 이후 가족에 의해 데보라의 시로 밝혀졌다.

캐나다의 자기계발 작가이자 사업가인 밥 프록터의 저서《You were born rich (당신은 부자로 태어났다)》서문에 실린 시이다. 'grass', 'snowflake', 'sand', 'star'와 같은 자연물을 비롯한 모든 존재의 진귀함이 실려 있다. 세상의 모든 풀잎 하나하나가 조금씩 다르다는 시인의 말처럼 무성한 나뭇잎들은 같은 초록빛이라도 절대 하나로 뭉쳐지지 않는다. 초록 이파리들은 저마다의 또렷한 톤으로 명료한 실루엣을 뽐낸다. 군집으로 묻히지 않는 개별자의 도도함과 고유성은 존재하는 모든 것의 절대 가치다.

이 세상에 똑같은 것은 하나도 없다. 시대를 통틀어 나 같은 사람이 없다는 말이다. 예전에도 없었고, 지금도 없고, 앞으로도 없을 것이다. 이 시에서 'MIND'로 표현되는 세상 존재의 근원, 즉 신은 각자의 모습을 있는 그대로 존재하도록 만들었다. 우리 모두는 생각과 뜻, 그리고 능력이 무궁무진한 (ideas never end) 창조자의 손끝에서 탄생된 작품이다. 어떤 열매가 맺힐지는 나무를 보면 알 수 있다. 근원적 존재가 무한한 창조력을 가졌다면 그 출처에서부터 세상 모든 존재는 이미 보증된 명품이 아닐까. 진가를 알리려 몸부림치려 하지 않아도 된다. 서로 같아질 필요도, 가식적으로 잘 보일 필요도 없다. 이미 걸작이기에 그렇다.

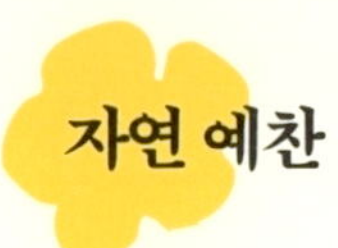

My heart leaps up _William Wordsworth

Day 6

My heart leaps up when I behold
A rainbow in the sky:
So was it when my life began;
So is it now I am a man;
So be it when I shall grow old,
Or let me die!

내 마음이 뛰노라.
하늘의 무지개를 바라볼 때면
철없던 어린 시절에도 그랬고
어른이 된 지금도 그렇고
나이가 들어도 그러하리라.
아니면 죽게 되는 것이니!

어휘

leap up 뛰어오르다　　**behold** 보다

Q. 무엇을 바라볼 때 가슴이 뛰나요?

So was it when my life began;
So is it now I am a man;
So be it when I shall grow old,

문장의 도치(inversion : 문장에서 주어와 동사의 위치를 바꾸는 구조)가 일어난다. 운율, 강조,
분위기 조성 등 시적 효과를 위해서 도치가 사용된다. 이 시에서는 'So + 동사 + 주어',
즉 '~도 그렇다'라는 강조의 효과이다. 무지개를 보는 경이로움, 그 감수성이 과거에도 그랬고,
지금도 그렇고, 미래에도 그럴 것이라는 말이다.

The Child is father of the Man;
And I could wish my days to be
Bound each to each by natural piety.

아이는 어른의 아버지이니
내 삶에 바라는 것은
날마다 자연의 경건에 연결되는 것.

어휘

bound 묶인　**piety** 경건

Q. 아이를 통해 배운 것이 있다면?

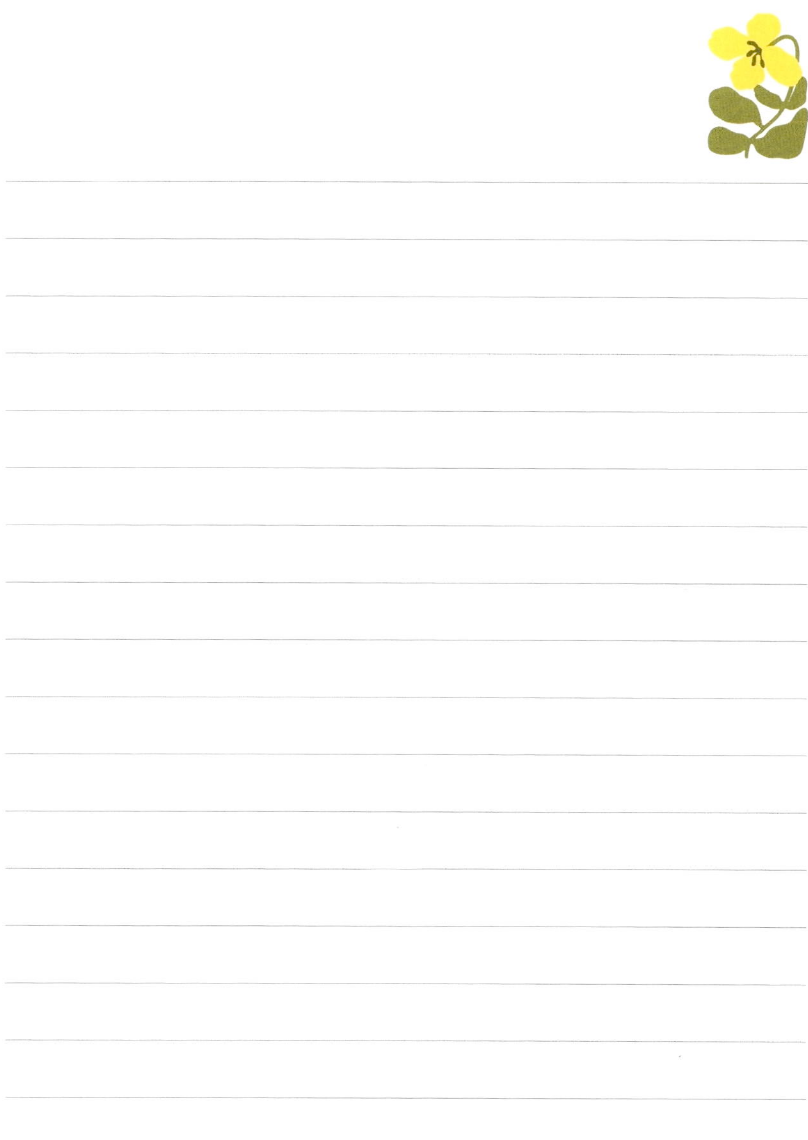

My heart leaps up

_William Wordsworth

My heart leaps up when I behold
A rainbow in the sky:

So was it when my life began;
So is it now I am a man;
So be it when I shall grow old,
Or let me die!

The Child is father of the Man;
And I could wish my days to be
Bound each to each by natural piety.

윌리엄 워즈워드 William Wordsworth
영국의 시인(1770~1850). 자연에 대한 깊은 사랑과 일상적 언어의 시적 활용을 통해 영국 낭만주의 시의 새로운 지평을 열었으며, 자연과 인간 정신의 교감을 탐구한 철학적 시인으로 평가받는다.

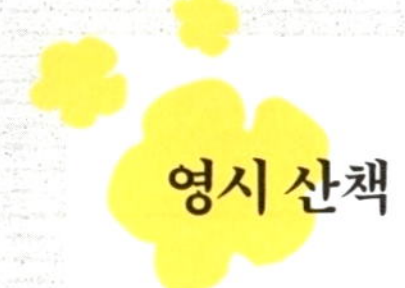

윌리엄 워즈워드는 영국의 대표적인 낭만주의 자연 시인이다. 아홉 살, 열 살에 어머니와 아버지 두 분을 모두 잃고 남매들과 친척들의 집에 흩어져 살았다. 고독했던 그의 삶에 자연은 위로와 사랑이었다.

시에 대한 워즈워드의 정의를 달달 외워서 시험지에 옮겨적던 시절이 있었다. 평생의 삶을 대도시에서 이어나가리라는 젊은 시절의 고집으로 시야에 자연을 들이지 못하던 때였다. 시간이 흘러 푸르른 자연을 동경하기 시작할 무렵, '소박한 삶'을 '일상의 언어'로 풀어낸 그의 시가 낭만적으로 다가왔다. 워즈워드가 말하는 '상상의 착색', 즉 일상적인 것을 특별하고 특이한 형상으로 표현하는 것이 얼마나 아름다운지를 알았다.

시인은 나이가 들어서 마음이 밋밋해진다면 'let me die!' 하며 차라리 죽겠다고 부르짖는다. 물질 문명의 발달, 부패한 정치와 종교, 억압된 인간의 개성과 자유로 점철된 시대에 아름다운 자연과의 교감을 강조한다. 그 유명한 'The Child is father of the Man'의 어구로 연결된다. 소싯적부터 일생토록 무지개를 보며 설레는 순수함을 어른이 되어서도 간직하라는 시인의 메시지다. '자두를 보고도 감동할 줄 아는 재능이 시인의 재능이다'라는 앙드레 지드의 말처럼 워즈워드는 자연 예찬과 감정의 성숙을 자신의 시 곳곳에 심어두었다.

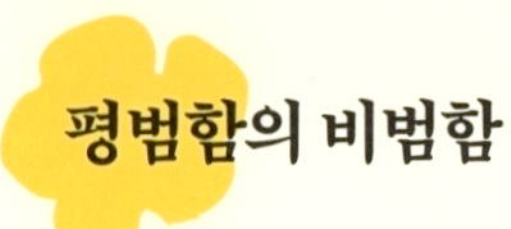

I'm nobody! Who are you?

_ **Emily Dickinson**

Day 8

I'm Nobody! Who are you?
Are you—Nobody—too?
Then there's a pair of us!
Don't tell! they'd banish us—you know!
How dreary—to be—Somebody!

전 아무도 아니에요! 당신은 누군가요?
당신도 아무도 아닌가요?
그렇다면 우린 똑같군요!
말하지 말아요! 우릴 사람들이 쫓아낼 거예요, 알잖아요!
유명인이 된다는 건 너무 끔찍해요!

어휘

banish 추방하다, 내쫓다　　**dreary** 따분한, 음울한

Q. 좋아하는 유명인이 있나요? 그의 무엇이 좋은가요?

I'm nobody! Who are you?

_Emily Dickinson

I'm Nobody! Who are you?
Are you—Nobody—too?
Then there's a pair of us!
Don't tell! they'd banish us—you know!

How dreary—to be—Somebody!
How public—like a Frog—
To tell one's name—the livelong June—
To an admiring Bog!

에밀리 디킨슨 Emily Dickinson
미국의 시인(1830~1886). 매사추세츠주 애머스트에서 태어나 평생을 그곳에서 보냈으며, 30세 이후부터는 거의 은둔생활을 했다. 사후 발견된 1,800여 편의 시로 미국 문학사의 거장으로 인정받았다.

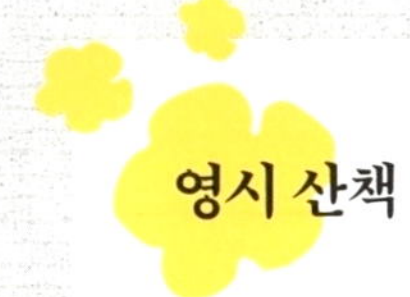

에밀리 디킨슨은 외부와의 접촉을 끊고 독신으로 칩거하며 시를 썼던 은둔 시인이다. 사랑, 자연, 시간, 무한성 등 다양한 주제로 여러 형식의 실험적인 시를 썼다. 평생 1,800여 편에 달하는 시를 창작했지만 익명으로 발표했던 10편의 시를 제외하고 나머지는 사후 70년이 지나서야 발견되었다. 1886년 5월, 작업하던 방에서 죽기까지 그녀는 줄곧 고립된 생활을 하며 인정받지 못한 무명인(無名人)으로 살았다. 오랜 기간 수수께끼 같은 유폐 생활을 이어갔던 삶에 유명세가 끼어들 틈이 없었을 법하다.

'I'm nobody!'라는 자아 선언은 에밀리 디킨슨 자신을 대변하고 있는지도 모른다. 흥미롭게도 시의 저변에 깔린 정서는 '위축'이 아닌 듯하다. 자신을 'nobody(아무나)'라고 외치지만 'somebody(누군가)'라는 당당한 자부심이 숨어 있다. 동시에 끊임없는 관심을 갈구하는 이들의 삶이 요란하고도 텅 빈 껍데기라는 사실도 간파하고 있다. SNS를 떠도는 화려한 편집의 세계에서 겉모습을 조정하는 과정이 떠오른다. 밀란 쿤데라의 《참을 수 없는 존재의 가벼움》에서 말했던 '키치(Kitch)'적 삶이다. 끊임없는 매만짐과 포장을 위해 요식의 비용을 치러야 하지만 관심의 중심에 서고 싶은 사람들의 욕망은 사그라들지 않는다.

에밀리 디킨슨은 '아무나(nobody)'이지만 '누군가(somebody)'라는 태도 하나면 충분하다고 말한다. 어떤 이에게 '누군가'가 되어 단 하나의 사랑과 의미를 만들면 된다. 굳이 만인의 연인이 될 필요는 없다. 삶의 참값은 다른 이가 매기는 측정값의 총합도, 평균도 아니다. 내가 느끼는 실제다. 수치로 환산되지 않으면 어떠랴. 쓸모의 여부를 따지는 거추장스러움, 허울에 부푼 도취감을 내려놓고 양보다 질이 꽉 찬 정체성이 알짜가 아닐까. 단단한 나를 굽는 것, '아무나(nobody)'에 숨겨진 철학이 아닐까 싶다.

Song of Myself _Walt Whitman

Day 9

I celebrate myself, and sing myself,
You shall listen to all sides
and filter them from your self.
I believe in you my soul, the other
I am must not abase itself to you,
And you must not be abased to the other.

나 자신을 찬미한다, 나를 노래한다.
모든 관점에 귀 기울이되 그대의 자아를 통해 여과해서 들으라.
내 영혼을 믿는다. 나의 다른 한쪽이
너에게 스스로를 낮추어서는 안 된다.
너 또한 다른 한쪽에게 낮추어서는 안 된다.

celebrate 찬미하다　**filter** 여과하다　**abase** 낮추다

Q. 언제 스스로 낮아지나요? 나를 낮추지 않기 위해 앞으로 어떻게 해야 할까요?

Level Up English

I believe in you my soul, [the other I am] must not abase itself to you.

여기서 'the other (that) I am'은 나를 지탱하는 또 다른 나. 즉 정체성이나 사회적 자아를 함의한다. 영혼만큼이나 'the other'은 중요한 나의 일부다. 따라서 나의 모든 부분을 사랑하고 스스로를 낮추지 말아야 한다. 긍정적 '자기 선언'은 '자기 믿음'에서 출발한다.

Song of Myself(일부)

_Walt Whitman

I celebrate myself, and sing myself,
And what I assume you shall assume,
For every atom belonging to me as good belongs to you.
(···)
You shall listen to all sides and filter them from your self.

I believe in you my soul, the other I am must not abase itself to you,
And you must not be abased to the other.

월트 휘트먼 Walt Whitman

미국의 시인(1819~1892). 1855년 자비로 출간한 《풀잎》으로 미국 문학사의 새로운 장을 열었으며, 평생에 걸쳐 이 작품을 아홉 차례 개정했다. 자유시 형식과 미국적 민주주의 정신을 바탕으로 한 그의 시는 20세기 현대시에 큰 영향을 미쳤다.

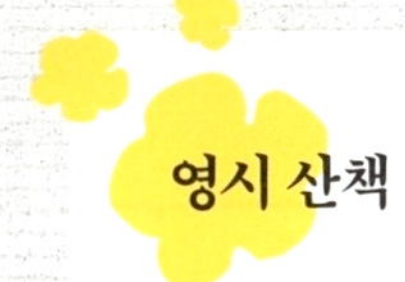

월트 휘트먼은 산문이 아니면서도 운문의 격식을 깬 파격적인 형식의 '자유시'를 썼다. 그의 시집《풀잎(Leaves of Grass)》초판에 대해 에머슨이 격려의 편지를 써주었고 이를 통해 휘트먼은 무명시인에서 주목받는 인물로 부상하였다. 수정과 증보를 거듭한《풀잎》의 초판 52편은 미국 52개 주라는 상징이 숨어 있다. 이 시집에 실린 대표적 장시가 〈나 자신의 노래(Songs of Myself)〉이다. 이 시에는 휘트먼의 '자신의 존재를 드러내는 기쁨'이 마음껏 표현되고 있다. 빈센트 반 고흐의 〈별이 빛나는 밤〉은 이 시에 영감을 받아 탄생된 작품이다. 시의 첫 단어는 'I'이다. 나를 예찬하고 나를 노래하는 주체는 다름 아닌 '나'이다. '나 자신'은 끊임없는 자기 선언의 핵심이다. 중요한 것은 내가 가진 것을 남들도 가지고 있다(what I assume you shall assume)는 점이다. 다른 존재들 역시 나만큼 중요하다. 특정 개인뿐만 아니라 전 인류를 대변하는 '나'를 끊임없이 예찬하는 시이다.

'나'는 측정기의 눈금 범위를 넘어선 판단 불가의 가치를 가진 존재다. 기성복이 맞지 않다고 해서 내 인생의 체형이 기이한 것은 아니다. 내 안에 담긴 향기와 가치는 스스로 끌어낼 때 빛을 발한다. 금에는 금박을 입힐 필요가 없다고 한다. 꽃의 향기 또한 외부에서 뿌려진 것이 아닌, 뿜어져 나오는 내음이다. 나를 위해 건전한 자신감 하나쯤은 가지고 있어야 한다.

아이에게

On Children _Kahlil Gibran

Day 10

Your children are not your children.
They are the sons and daughters
of Life's longing for itself.
They come through you but not from you,
And though they are with you
yet they belong not to you.

당신의 자녀는 당신의 것이 아니에요.
아이들은 스스로의 삶을 갈망하는 생명의 아들이자 딸이랍니다.
당신을 거쳐서 나왔을 뿐, 당신으로부터 나온 건 아니에요.
당신과 함께 있지만
당신의 소유는 아닌 것이지요.

어휘

long for 갈망하다   **belong to** ~에 속하다

Q. 부모와 자녀의 관계는 어떨 때 가장 바람직할까요?

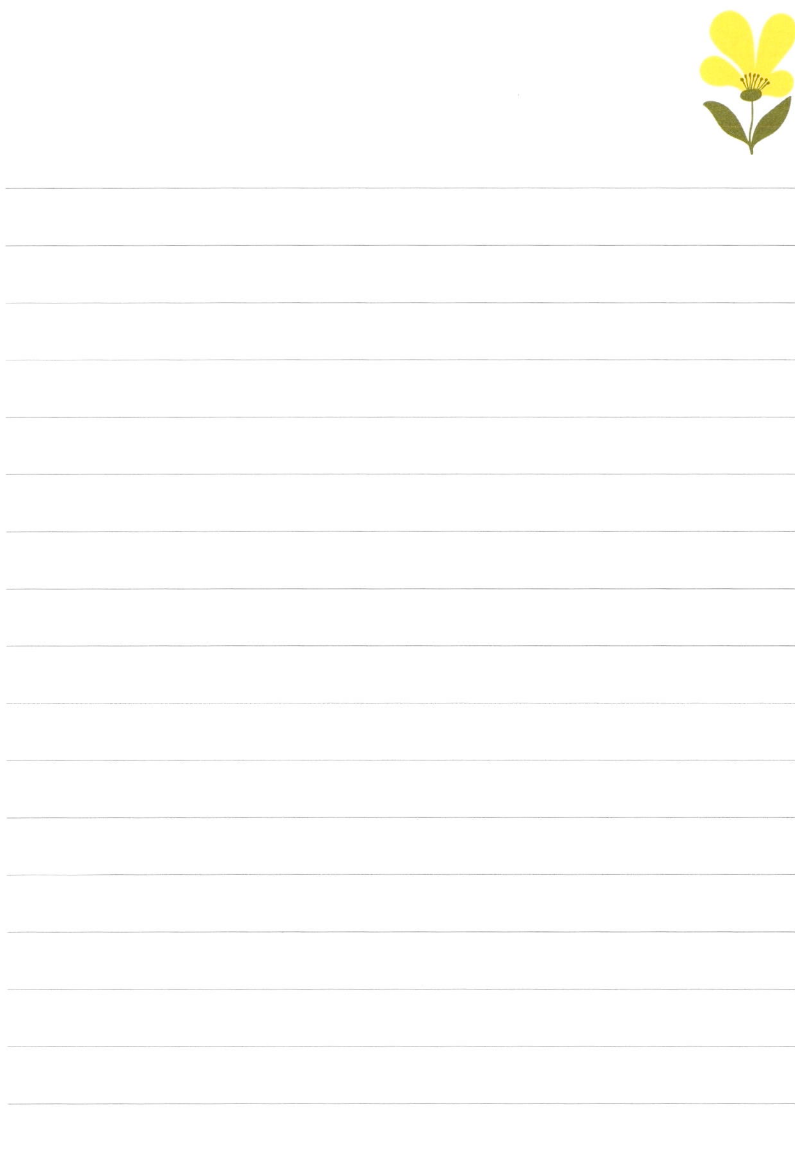

Day 11

You may give them your love but not your thoughts,
For they have their own thoughts.
You may house their bodies but not their souls,
For their souls dwell in the house of tomorrow,
which you cannot visit, not even in your dreams.

아이들에게 사랑을 줄 수는 있지만 생각을 주지 마세요.
스스로 생각할 수 있기 때문이에요.
몸이 머무를 집을 줄 수는 있지만 영혼이 머물 곳은 주지 마세요.
아이의 영혼은 내일의 집에 살기 때문이에요.
그곳은 당신이 꿈에서도 갈 수 없는 미래입니다.

어휘

house 거처를 제공하다　**dwell in** ~에 거주하다

Q. 사랑을 줄 수 있지만 생각을 주지 말라는 것은 무슨 의미일까요?
　이를 위해 어떻게 해야 할까요?

You may strive to be like them,
but seek not to make them like you.
For life goes not backward nor tarries with yesterday.

당신이 아이와 닮으려 할 수는 있어도
아이가 당신을 닮도록 강요하지 마세요.
인생은 뒤로 물러나지 않고 어제에 머물러 있지 않기 때문이에요.

어휘

strive to ~하려 노력하다 **tarry** 지체하다

Q. 내가, 혹은 나의 부모가 자녀에게 강요한 것이 있나요?

On Children

_Kahlil Gibran

Your children are not your children.

They are the sons and daughters of Life's longing for itself.

They come through you but not from you,

And though they are with you yet they belong not to you.

You may give them your love but not your thoughts,

For they have their own thoughts.

You may house their bodies but not their souls,

For their souls dwell in the house of tomorrow,

which you cannot visit, not even in your dreams.

You may strive to be like them, but seek not to make them like you.

For life goes not backward nor tarries with yesterday.

You are the bows from which your children as living arrows are sent forth.

The archer sees the mark upon the path of the infinite,

and He bends you with His might that His arrows may go swift and far.

Let your bending in the archer's hand be for gladness;

For even as He loves the arrow that flies, so He loves also the bow that is

stable.

칼릴 지브란 Kahlil Gibran
레바논의 작가(1883~1931). 1923년 발표한 《예언자》는 전 세계적으로 1억 부 이상 판매되며 20세기 가장 사랑받는 영성 문학 중 하나가 되었다. 동서양의 철학과 종교적 사상을 시적 언어로 표현했으며, 사랑과 삶의 의미에 대한 깊은 통찰로 많은 독자들에게 영감을 주었다.

칼릴 지브란의 시에 따르면 아이는 지금 내 몸을 거쳐 이 세상에 서 있지만 결코 나의 것이 아니다. 앞으로 살아갈 아이의 인생은 꿈에도 가볼 수 없는 미래이니 그 인생이 나와 잠시 겹쳐서 허락된 '지금', '함께'의 시간을 잘 보듬어야 한다. 물리적 시공간 속에 함께 있다고 해서 아이의 영혼을 지배해서도 안 된다.

'He bends you with His might that His arrows may go swift and far.'

'He'가 대문자로 시작되는 것은 1연의 'Life'가 대문자로 시작하는 것과 비슷한 맥락이다. 일반적인 대상이 아니라는 뜻이다. 'Life'가 신적인 에너지와 존재이듯이 'He'는 하나님을 의미한다. 활을 당기는 궁수는 활을 구부려서 화살을 빠르게 멀리 날아가도록 한다. 화살이 과녁을 향해 날아가기 위해서는 활의 탄성을 받아야 한다. 그리고 이를 위해서는 궁수가 활시위를 당겨야 한다. 궁수는 하나님을, 활은 부모를, 화살은 자녀를 상징한다. 신의 섭리를 품은 비유가 신비롭다. 아이가 목표를 향해 빠르고 멀리 날아가기 위해서는 부모라는 활에 기대야 한다. 날아가는 화살만큼이나 흔들리지 않는 활도 중요하다. 아이는 날아가는 화살이지만 그것을 든든하게 받쳐주는 활, 부모를 바라보고 기댄다. 그렇기에 부모로서 잘살아내는 것, 삶으로 보여주는 것이 중요하다. 부모의 등을 보고 자라나는 아이를 위해 멋진 자녀를 기대하기 전에 칭찬하는 멋진 부모가 되어야겠다.

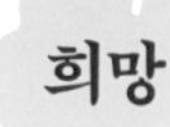

Four leaf clover _Ella Rhoads Higginson

Day 13

One leaf is for hope, and one is for faith,
And one is for love, you know,
And God put another in for luck —
If you search, you will find where they grow.

잎 하나는 희망을 잎 하나는 믿음을
잎 하나는 사랑을 뜻해요. 그거 알죠.
하나님은 행운을 담은 또 다른 잎을 주셨어요.
찾아보면 네 잎 클로버가 어디에서 자라는지 발견할 수 있을 거예요.

어휘

faith 믿음　**search** 찾다

Q. 무엇을 희망하고, 무엇을 믿고, 무엇을 사랑하나요?

But you must have hope, and you must have faith,
You must love and be strong — and so —
If you work, if you wait, you will find the place
Where the four–leaf clovers grow.

하지만 희망과 믿음을 가져야 해요.
사랑하고 또 강해져야 해요.
노력하면, 그리고 기다리면 그곳을 찾게 되요.
네 잎 클로버가 자라는 곳을요.

Q. 네 잎 클로버를 키우는 일상을 보내고 있나요? 어떤 노력을 들이고 있나요?

Level Up English

네 개의 잎은 'four leaves'라고 한다. 그런데 네 잎 클로버는 'four leaves clover'가 아니라 'four leaf clover'이다. 'four leaf'는 단어 두 개를 결합한 복합 형용사(compound adjective)이다. 원칙적으로 'four'와 연결되는 명사 'leaf'의 단수형을 하이픈(-)으로 연결하여 'four-leaf'라는 형용사형을 만들어 뒤따르는 명사를 수식한다. '네 살배기 아이'를 'a four years boy'가 아니라 'a four-year boy'라고 하는 것과 같다.

Four leaf clover

_Ella Rhoads Higginson

I know a place where the sun is like gold,
And the cherry blooms burst with snow,
And down underneath is the loveliest nook,
Where the four–leaf clovers grow.

One leaf is for hope, and one is for faith,
And one is for love, you know,
And God put another in for luck —
If you search, you will find where they grow.

But you must have hope, and you must have faith,
You must love and be strong — and so —
If you work, if you wait, you will find the place
Where the four-leaf clovers grow.

엘라 로즈 히긴슨 Ella Rhoads Higginson
미국의 작가(1861~1940). 캔자스주에서 태어나 워싱턴주 벨링햄에서 대부분의 생애를 보냈으며, 태평양 북서부 지역의 자연과 생활을 소재로 한 작품들을 발표했다. 태평양 연안의 아름다운 자연 풍광과 지역민들의 삶을 서정적이고 사실적으로 묘사한 작품들로 알려져 있다.

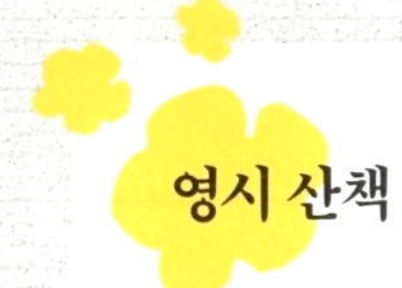

영시 산책

영시 〈네 잎 클로버(Four leaf clover)〉를 들여다보면 간단 명료한 삶의 지혜가 한 문장에 집약되어 있다. 'One leaf is for hope, one for faith, one for love.' 마치 《The three musketeers(삼총사)》의 주인공들이 "all for one, one for all (모두는 하나를 위해 하나는 모두를 위해)!"을 외치며 서로를 위해 든든하게 서 있었던 것처럼 믿음, 소망, 사랑 세 가지 요소가 삶 전체를 지탱해주는 비밀이 된다. 무수히 지나가는 일상 속에서 세 잎 클로버 하나하나에 담긴 믿음, 소망, 사랑을 성실히 심다 보면 네 잎 클로버가 자라는 행운에 닿는다.

《노인과 바다》의 주인공 산티아고가 '정확하게 준비해야 운이 찾아올 때 맞이할 수 있다.'라고 내뱉은 독백처럼 행운은 그냥 떨어지는 것이 아니다. 시간과 노력이 든다. 때론 특별할 것 없는 지루한 일상이 행운의 잎을 틔우는 토양이 된다. 행운은 휘황찬란한 중심 무대가 아니라 삶의 구석진 귀퉁이 'nook'에서 발견된다는 사실, 놀라운 생의 비밀이다.

아이처럼

You don't have to understand life

_Rainer Maria Rilke

Day 15

You don't have to understand life,
then it will become just like a feast.

인생을 꼭 이해할 필요는 없다.
그러면 인생은 축제가 될 테니까.

어휘

feast 축제

Q. 평범한 일상 속 축제라고 느꼈던 순간은 무엇인가요?

Let everyday just happen to you
like every child walking along
who from every breeze
receives many flowers.
Collecting and saving them
never enters the child's mind.

하루하루를 그저 일어나는 대로 두라.
길을 걷던 아이가 바람이 불 때마다
날아드는 꽃잎을 받아들듯이.
아이는 꽃잎을 주워
모아둘 생각 같은 건 전혀 하지 않는다.

어휘

breeze 산들바람

Q. 이해되지 않는 인생의 난제는 무엇인가요?

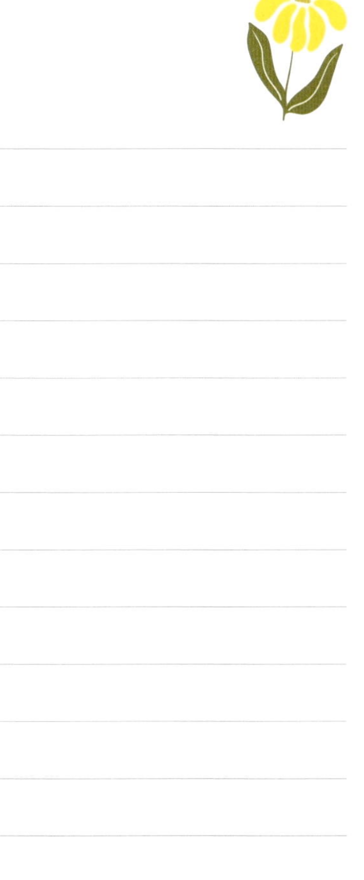

You don't have to understand life(일부)*

_Rainer Maria Rilke

You don't have to understand life,
then it will become just like a feast.
Let everyday just happen to you
like every child walking along
who from every breeze
receives many flowers.
Collecting and saving them
never enters the child's mind.
She gently unties them from her hair,
where they were kept trapped with such delight,
and to the loving youthful years
she reaches out for new ones.

라이너 마리아 릴케 Rainer Maria Rilke
프라하에서 태어나 독일과 프랑스를 오가며 문학 활동을 했으며, 조각가 로댕의 비서로 일하기도 했다. 대표작으로는 〈두이노의 비가〉와 〈오르페우스에게 바치는 소네트〉가 있으며, 독일 서정시의 최고봉으로 평가받는다. 내면의 고독과 실존적 성찰을 섬세한 언어로 표현한 모더니즘 시의 거장이다.

* 라이너 마리아 릴케 시의 영어 번역본에서 편집 및 발췌한 텍스트

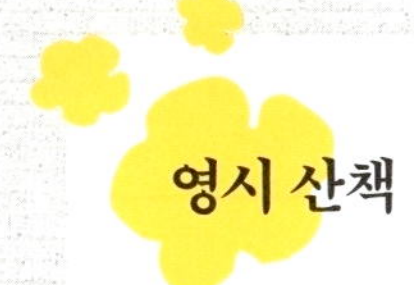

영시 산책

라이너 마리아 릴케는 20세기 유럽 대륙을 오가며 활동한 시인이다. 조각가 로댕을 만나면서 사물을 끊임없이 관찰하고 기억하는 조소적인 시각을 터득했다고 한다. '시란 감정이 아닌 경험'이라는 생각으로 한 구절 한 구절 시를 썼다.

이 시의 독일어 원제는 〈Du musst das Leben nicht verstehen〉이며 영어 제목은 〈You don't have to understand life〉이다. 번역가에 따라 다른 영어버전의 시를 만난다. 시의 제목부터 눈길을 끈다. 생의 조각을 하나하나 맞춰가며 '이해'의 고랑을 파야 하는 나 같은 사람에겐 쉽지 않은 주제이다. 세세한 각본 하나 없이 축제가 될 인생에 그저 손만 뻗으라니, 생을 이해할 필요 없이 그냥 둬야 한다니, 염치가 없어서라도 주저하는 마음이 생긴다.

시인의 통찰은 행복한 아이들을 관찰하는 데서 출발한다. 아름다운 꽃송이들이 바람에 흩날리는 풍경이 아이들은 둘러싼다. 나중을 위해 예쁜 것을 애써 저장하거나 모아 두지 않고 오롯이 현재를 음미하는 아이들. 날아드는 꽃잎이 흩어져버릴지 모른다는 근심 따윈 없다. 손을 뻗어 안겨든 시간 안에 머물 뿐이다. 아이들처럼 머리 굴리지 않고 하루를 그저 일어나는 대로 맡겨 두면 축제의 일상이 된다. 하나만 생각하고 둘은 생각하지 못할지라도, 둘로 쪼개지지 않는 기쁨의 밀도만큼은 최대치이다.

때로는 정해진 매뉴얼이나 설득력 있는 비법 없이도 지나고 나면 아름다운 꽃이 피어 있다. 이해할 수 없는 방법으로 이해할 수 없는 일이 일어난다. 앞뒤 계산하지 않고 내일을 향해 긍정의 손을 뻗다 보면, 어느 분야에서는 한 송이 꽃이 피어난다. 끊임없이 날아드는 꽃잎의 축제를 하루라는 시간 안에 가두고 그 기쁨에 담뿍 빠져야 할 것 같다.

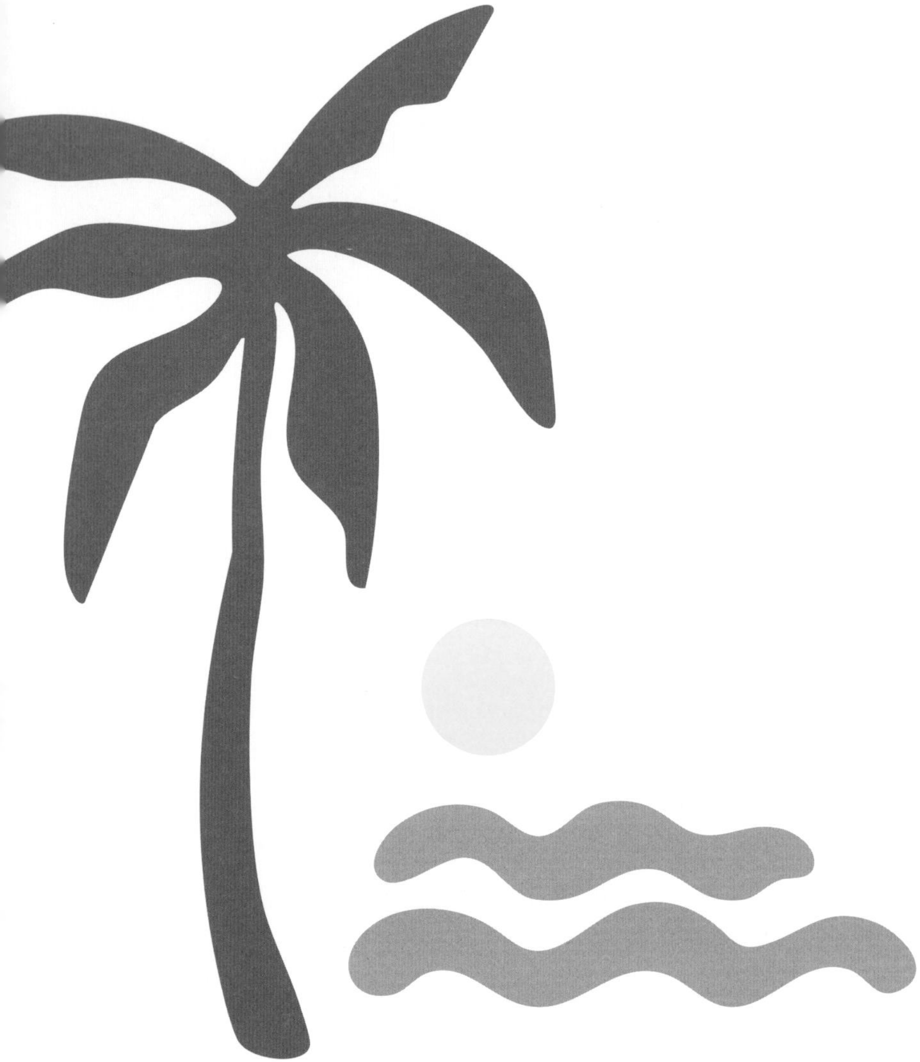

여름에 어울리는 추천 음악

① 베토벤 〈월광 소나타 no.14〉 ② 히사이시 조 〈키쿠지로의 여름〉
③ 데이브 브루벡 〈Take five〉 ④ 안토니오 카를로스 조빔 〈Wave〉

Summer
인생의 여름

이름에 담겨 있는 뜻처럼 푸르름을 '열어' 주는 여름은 생명의
에너지가 강렬하게 피어나고 영그는 계절입니다.
봄의 씨앗이 무성한 잎사귀를 거쳐
열매를 맺는 길목이 바로 여름이 아닐까 싶어요.
차곡차곡 쌓아가는 일상의 애씀과 열정, 좌충우돌의 역동이 차오르기
시작하는 인생의 청춘기이자 젊음의 한가운데라고 할까요.
꿈, 사랑, 도전, 가능성이라는 활기찬 에너지를 꽉 채워 '지금, 여기'를
불태워야 할 것만 같습니다.
커가고 자라는 도약의 경험으로 가득한 여름은
'배우는 자는 늙지 않는다.'는 말을 떠올리게 해요.
'성장'이야 말로 생물학적 나이를 거슬러 여름이라는 생의 절정을
끝없이 이어가는 비결이 아닐까 싶고요.
강렬하게 타오르는 이 여름, 변화의 여정을 떠날 준비가 되셨나요?

열정

To live everything (Letters to a young poet)

_Rainer Maria Rilke

Day 17

Be patient toward all that is unsolved in your heart
and try to love the questions themselves,
like locked rooms and like books
that are now written in a very foreign tongue.
Do not now seek the answers,
which cannot be given you
because you would not be able to live them.

마음속에서 풀리지 않은 모든 문제에 인내심을 가지세요.
마치 잠겨있는 방과 같은,
이젠 아주 낯선 언어로 쓰인 책과 같은 문제들을
그 자체로 사랑하려고 노력하세요.
당신에게 주어질 수 없는 답을 지금 당장 찾으려 하지 마세요.
그러면 문제를 안고 살아갈 수 없게 되거든요.

어휘

unsolved 해결되지 않은　**locked** 잠긴　**foreign tongue** 외국어　**seek** 찾다, 추구하다

Q. 마음에 풀리지 않는 문제가 있나요? 어떻게 해야 할까요?

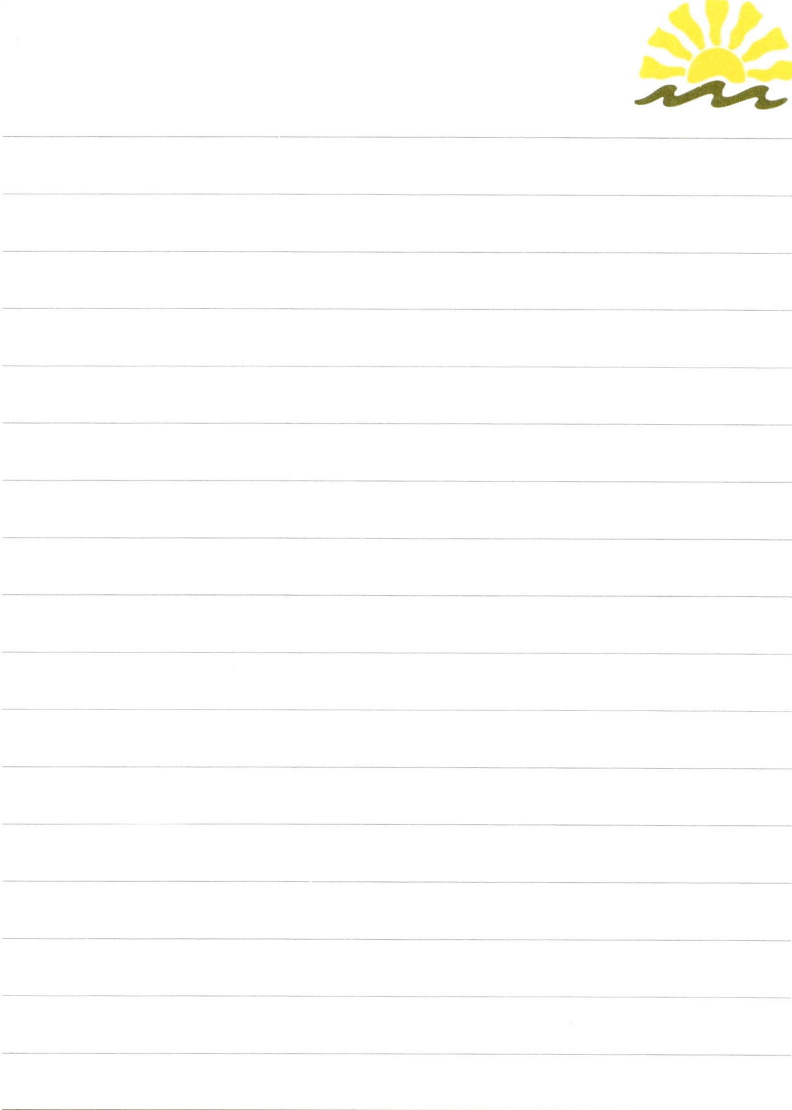

And the point is, to live everything.
Live the questions now.
Perhaps you will then gradually, without noticing it,
live along some distant day into the answer.

중요한 건 모든 것을 살아보는 거예요.
지금 그 문제들을 살아보세요.
그러면 삶을 살아가는 당신에게 점차 자신도 모르게
어느 먼 날 해답이 주어질 거예요.

어휘

gradually 점진적으로   **notice** 알아채다   **distant** 먼

Q. 문제를 안고 살아가본 적이 있나요? 결국, 어디에 닿았나요?

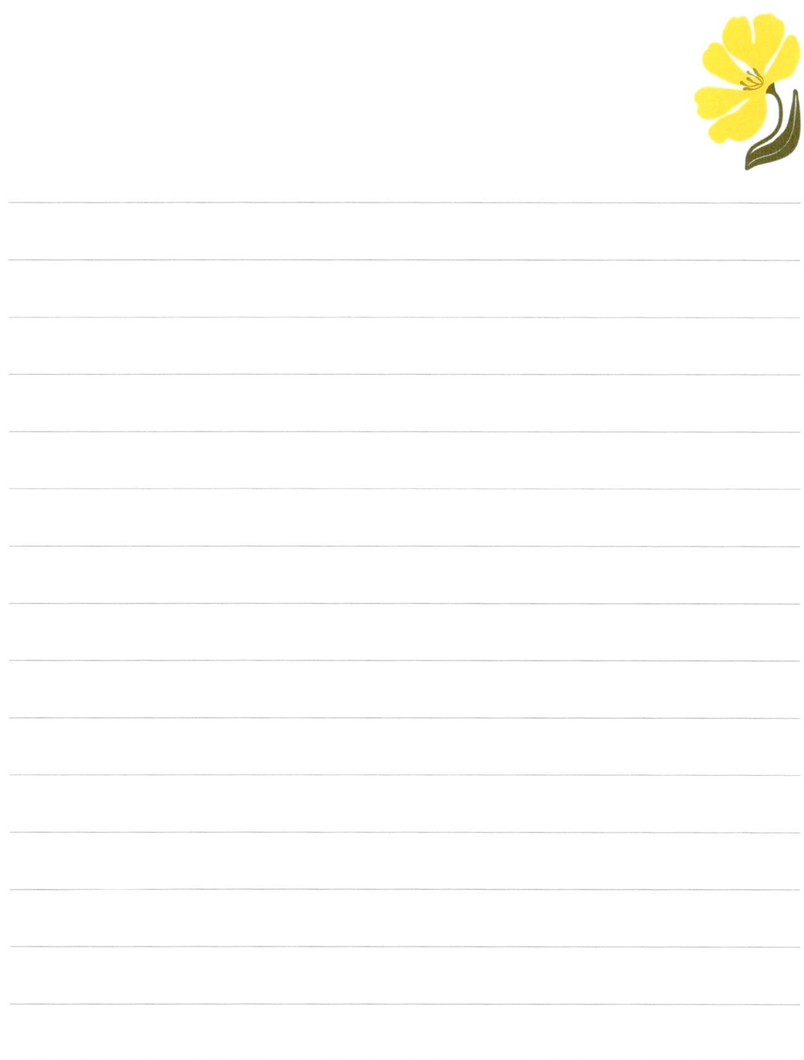

To live everything(일부)*

_Rainer Maria Rilke

Be patient toward all that is unsolved in your heart

and try to love the questions themselves,

like locked rooms and like books that are written in a very foreign tongue.

Do not now seek the answers, which cannot be given you

because you would not be able to live them.

And the point is, to live everything.

Live the questions now.

Perhaps you will then gradually, without noticing it,

live along some distant day into the answer.

* 라이너 마리아 릴케 시의 영어 번역본에서 편집 및 발췌한 텍스트

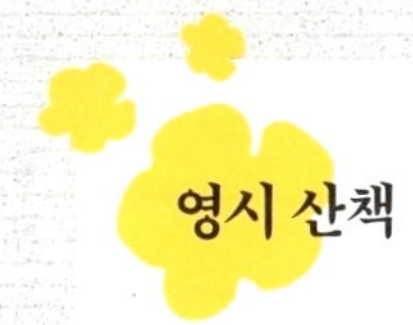

20세기 독일어권 최고의 시인으로 손꼽히는 라이너 마리아 릴케가 젊은 시인 프란츠 크사버 카푸스(Franz Xaver Kappus)에게 보낸 네 번째 편지다. 1902년부터 1908년까지의 편지들이 모여 출판됐고, 초창기 시인으로서 릴케의 생각을 엿볼 수 있다.

마음속에 풀리지 않는 문제, 그래서 흔들리고야 마는 삶의 중심 앞에 그는 말한다. 해답이 없는 의문을 문제로 바라보고 답을 구하려 몸부림치지 말라고. 후다닥 찾은 정답 하나로 모호함을 애써 지우려 하지 말고 불확실한 삶으로 나아가라고. 난관에 부딪힐 때, 그저 모든 것을 살아내고 견디는 것이 유일한 답일 수 있다.

신이 아닌 이상, 두려움은 극복의 대상이 아니라 견디는 것이라고 했다. 죽음과 함께 고민은 사라지게 되므로 '문제 있음'은 '살아 있음'의 반증일 지도 모른다. 고단함을 안고 살아내는 것이 바로 삶이다.

일상의 소중함

Write it on your heart _Ralph Waldo Emerson

Day 19

Write it on your heart
that every day is the best day in the year.
He is rich who owns the day, and no one owns the day
who allows it to be invaded with fret and anxiety.

마음에 적어 보세요.
매일이 일 년 중 가장 최고의 날이라는 걸.
하루를 소유하는 사람이 부자랍니다.
초조함과 불안이 침입한 날은 가질 수 없는 날이기 때문이죠.

어휘

invade 침입하다　**fret** 조바심　**anxiety** 근심

Q. 오늘이 일 년 중 가장 최고의 날인가요? 왜 그런가요?

Finish every day and be done with it.
You have done what you could.
Some blunders and absurdities, no doubt crept in.
Forget them as fast as you can, tomorrow is a new day;
begin it well and serenely, with too high a spirit
to be cumbered with your old nonsense.

매일을 마무리하고 마침표를 찍으세요.
할 수 있는 일을 한 날들이니까요.
실수나 말이 안 되는 일들이 있어도 마음에 의심은 들이지 마세요.
가능한 한 빨리 잊어버리세요. 내일은 새로운 날이거든요.
지나간 실수에 휘둘리지 않도록 당당함을 걸치고
평안하게 내일을 잘 시작하세요.

어휘

blunder 실수 absurdity 불합리 creep in 몰래 기어들다 serenely 고요하게
cumber 마음을 괴롭히다 nonsense 터무니없는 말

Q. 실수나 의심을 겪었나요? 어떻게 해야 할까요?

This new day is too dear,
with its hopes and invitations,
to waste a moment on the rotten yesterdays.

새로운 날은 너무 소중해요.
희망과 초대의 설렘이 있어서
어제 때문에 낭비할 시간이 없을 만큼.

 **어휘**

invitation 초대   **rotten** 썩은

Q. 새로운 날을, 어제로 인해 망친 적이 있나요? 앞으로 어떻게 해야 할까요?

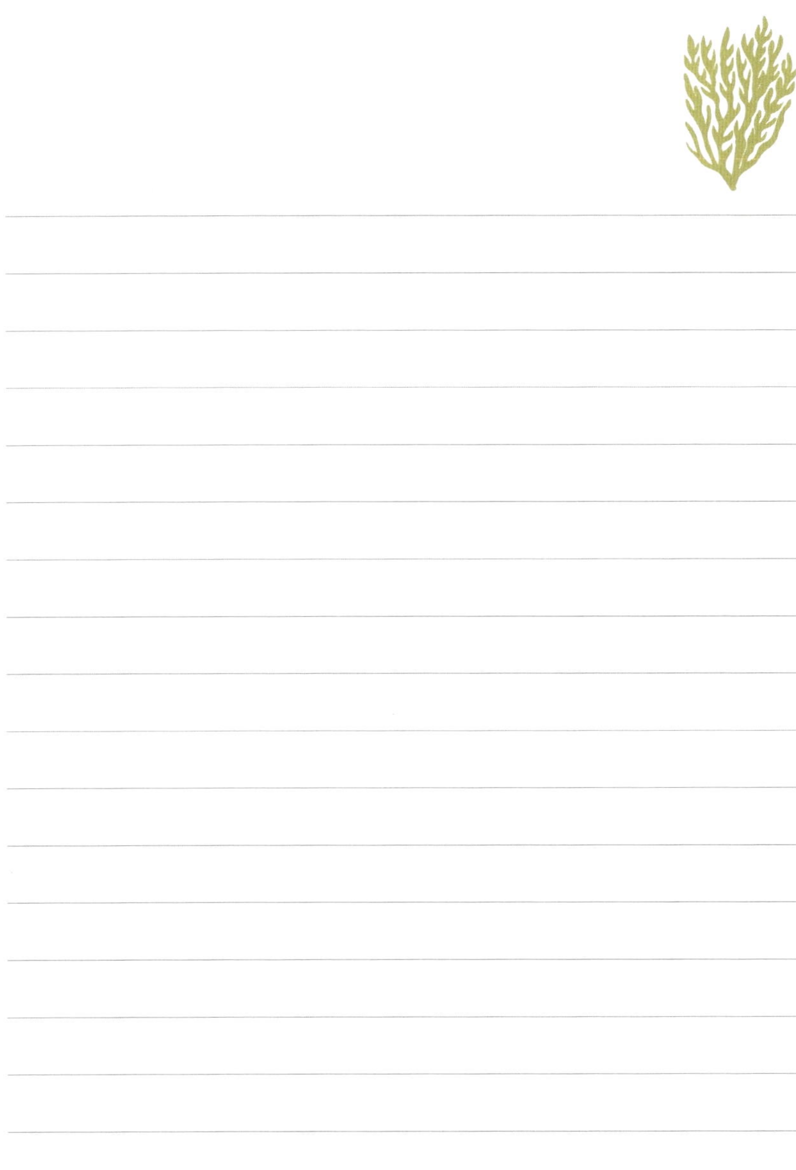

Write it on your heart*

_Ralph Waldo Emerson

Write it on your heart
that every day is the best day in the year.
He is rich who owns the day, and no one owns the day
who allows it to be invaded with fret and anxiety.

Finish every day and be done with it.
You have done what you could.
Some blunders and absurdities, no doubt crept in.
Forget them as fast as you can, tomorrow is a new day;
begin it well and serenely, with too high a spirit
to be cumbered with your old nonsense.

This new day is too dear,
with its hopes and invitations,
to waste a moment on the rotten yesterdays.

랠프 왈도 에머슨 Ralph Waldo Emerson
미국의 작가(1803~1882). 매사추세츠주 보스턴에서 태어나 하버드 대학을 졸업한 후 유니테리언 목사로 활동하다가 초월주의 철학자이자 작가로 전향했다. 그의 작품은 개성과 자립정신을 강조하며 미국 문학과 사상에 깊은 영향을 미쳤다.

*에머슨의 산문과 서간문에서 발췌하여 편집한 텍스트

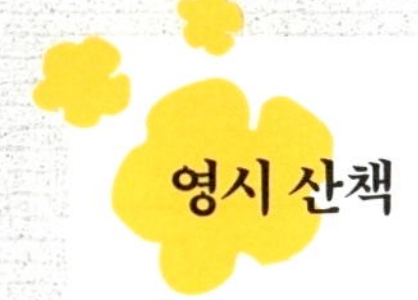

마음 상판에 얇은 먹지가 놓여 있다. 그 아래, 내면의 속살이 종잇장처럼 겹겹이 포개진다. 무엇을, 얼마나 힘주어 적느냐에 따라 찍히는 정서의 농도가 달라진다. '오늘은 생애 최고의 날'이라고 최상급의 행복을 꾹 눌러 쓰면 마음 낱장들에 찍혀 나오는 감사의 수가 늘어난다. 부자는 다름 아닌 이런 날들로 꽉 찬 사람이다. 마음에 의심을 들이지 말고 할 수 있는 것을 하는 사람이 마음 부자다. 누구에게나 공평하게 주어지는 하루 24시간을 모두가 내 것으로 갖지 못한다. 하루를 소유할 수 있느냐, 초조함과 근심의 침탈을 허락하느냐에 따라 부유함이 달라진다고 시인은 말한다.

평균 수명 100세 시대, 벌써 그 절반의 언저리에 서 있다. 결코 올 것 같지 않았던 중년의 초입이다. 융의 말을 빌리자면 멀쩡한 듯 보여도 불현듯 마음에 지진이 일어나는 때다. 세월이 신고 가버린 청춘에 대한 아련함과 생의 끝을 직면해야 하는 불안감이 혼재되어 어쩌면 더 자주 흔들릴 수 있는 사십 대이다. 질병에서도 그리 자유롭지 못하다. 그래서 무탈(無頉)하게 마침표를 찍는 일상은 그저 안심과 감사다. 시인이 말하듯 '매일이 일 년 중 가장 최고의 날'이라는 깨달음이 무르익는다. 말이 안 되는 일들로 '유(有)탈' 했던 어제의 먹물이 새로운 날들에 튀어서도, 튀게 해서도 안 될 일이다. '과거로 인해 낭비할 시간이 없을 만큼' 새롭게 주어진 오늘은 너무도 소중하다.

If _Rudyard Kipling

Day 22

If you can keep your head when all about you
Are losing theirs and blaming it on you,
If you can trust yourself when all men doubt you,
If you can wait and not be tired by waiting,

만약에 모든 것을 잃고 모두가 비난할 때
머리를 들고 당당할 수 있다면
만약에 모두가 의심할 때 스스로를 믿을 수 있다면
만약에 기다릴 수 있고 기다림에 지치지 않는다면

어휘

blame 비난하다　**doubt** 의심하다

Q. 소중한 것을 잃어본 경험이 있나요? 어떻게 반응했나요?

If you can dream—and not make dreams your master;
If you can meet with Triumph and Disaster
And treat those two impostors just the same;
If you can watch the things you gave your life to, broken,
And stoop and build 'em up with worn–out tools:

만약에 꿈을 가질 수 있다면, 그 꿈에 종속되지 않을 수 있다면
만약에 성공과 실패를 만날 수 있다면
그 두 가지 허상을 똑같이 다룰 수 있다면
혹은 생을 바쳐 이룬 일들이 무너지더라도
나아가 몸을 굽혀 낡은 연장으로 일으켜 세울 수 있다면

 **어휘**

master 주인   **impostor** 사기꾼   **stoop** 몸을 굽히다   **build'em** = build them   **worn-out** 낡은

Q. 생을 바쳐 이룬 일들이 무너진 적이 있나요? 어떻게 극복했나요?

Day 24

If you can make one heap of all your winnings
And risk it on one turn of pitch–and–toss,
And lose, and start again at your beginnings
If you can force your heart and nerve and sinew
To serve your turn long after they are gone,

만약에 그동안 이룩한 모든 것으로
다시 도전하는 위험을 감수할 수 있다면
그렇게 잃더라도 처음부터 다시 시작할 수 있다면
만약에 오래전 심장과 정신과 힘이 다하였더라도
강한 의지로 역할을 해낼 수 있다면

어휘

heap 더미   winning 얻은 것   pitch-and-toss 동전 따먹기 놀이(한 번에 결판나는 도전)
serve one's turn ~의 역할을 하다   nerve 신경, 용기   sinew 힘(줄)

Q. 가진 것을 내려놓고 도전하거나 다시 시작하고 싶은 일이 있나요?

If you can fill the unforgiving minute
With sixty seconds' worth of distance run,
Yours is the Earth and everything that's in it,
And—which is more—you'll be a Man, my son!

만약에 여지없이 흘러가는 1분을
60초짜리 장거리 달리기로 채울 수 있다면
세상과 그 안의 모든 것은 너의 것이며
너는 비로소 한 사람의 어른이 되는 것이다, 아들아!

어휘

unforgiving 힘든   **worth of** ~가치의   **distance run** 장거리 달리기

Q. 흘러가는 1분을 60초처럼 쓴다는 건 무슨 의미일까요?
   그런 자세로 살아가려면 어떻게 해야 할까요?

Yours is the Earth and everything that's in it.
세상과 그 안의 모든 것은 너의 것이다.

'the Earth and everything that's in it'은 'Yours'의 주어이다. 주어가 길 때, 어색함을 피하고
정보를 쉽게 처리하기 위해서 어순을 바꾸는 '도치'가 일어났다. 긴 어구를 문장의 뒷부분으로
배치하는 현상이다. 이 문미 비중(End weight)의 원리처럼 삶에도 좌우로 크게 치우치지 않고
무게의 균형을 맞춰가는 노력이 필요하다.

If

_Rudyard Kipling

If you can keep your head when all about you

Are losing theirs and blaming it on you,

If you can trust yourself when all men doubt you,

But make allowance for their doubting too;

If you can wait and not be tired by waiting,

Or being lied about, don't deal in lies,

Or being hated don't give way to hating,

And yet don't look too good, nor talk too wise:

If you can dream—and not make dreams your master;

If you can think—and not make thoughts your aim;

If you can meet with Triumph and Disaster

And treat those two impostors just the same;

If you can bear to hear the truth you've spoken

Twisted by knaves to make a trap for fools,

Or watch the things you gave your life to, broken,

And stoop and build 'em up with worn–out tools:

If you can make one heap of all your winnings

And risk it on one turn of pitch–and–toss,

And lose, and start again at your beginnings

And never breathe a word about your loss;

If you can force your heart and nerve and sinew

To serve your turn long after they are gone,

And so hold on when there is nothing in you

Except the Will which says to them: 'Hold on!'

If you can talk with crowds and keep your virtue,

Or walk with Kings—nor lose the common touch,

If neither foes nor loving friends can hurt you,

If all men count with you, but none too much;

If you can fill the unforgiving minute

With sixty seconds' worth of distance run,

Yours is the Earth and everything that's in it,

And—which is more—you'll be a Man, my son!

러디어드 키플링 Rudyard Kipling

영국의 작가(1865~1936). 영국령 인도 뭄바이에서 태어나 어린 시절을 인도에서 보냈으며, 인도에서 기자로 활동하다가 영국으로 돌아와 본격적인 문학 활동을 시작했다. 제국주의 시대 영국의 식민지 경험을 바탕으로 한 모험소설과 아동문학으로 유명하며, 1907년 노벨문학상을 수상한 최연소 수상자이자 영어권 최초의 수상자가 되었다.

러디어드 키플링은 《정글북》으로 잘 알려진 영국의 소설가이자 시인이다. 1907년 영어권 작가로서 최초로 41세에 최연소 노벨 문학상을 받았다. 스토리텔링의 대가로 찬사를 받았던 키플링의 시 〈If(만약에)〉는 인생의 품격을 채우며 진정한 성숙을 향해 나아가는 아이의 성장을 응원하는 축사이다. 온통 모르는 것투성이에 어설픈 헛발질이 많은 인생이지만 부모가 삶으로 길어낸 지혜를 하나씩 놓아 징검다리를 만들어 주는 느낌이다. 그 위를 밟고 건너다 보면 작고 작은 아이가 '비로소 어른이 된다'는 마지막 문장에 닿는다.

> "키 작은 2학년과 키 큰 1학년은 분명히 다릅니다. 작아도 2학년의
> 포스는 느껴지거든요."

아이의 초등학교 2학년, 학부모 간담회 때 교장 선생님의 말씀이었다. 겉모습은 왜소해 보일지라도 축적된 아이의 시간은 분명한 차이를 낸다. 1년이라는 시간은 그저 흘려버려지지 않는 아이의 성장 폭이다. 속도는 다르지만 지나온 시간만큼 아이는 깊고 또 넓어져 간다. 흘러가는 1분을 1초씩 쪼개어 60초의 성실로 채우다 보면, 당장은 눈에 보이지 않아도 달라진 날이 반드시 온다. 아들이 비로소 한 사람의 어른이 되어 갈 때까지 말 없이 뒤에서 묵묵히 지켜주는 부모가 되고 싶다. 생의 교훈들을 가르치며 날 선 판단을 세우지 말고, 자연스레 흡수하며 커갈 수 있는 배경이 되어주는 부모. 아이가 어른이 될 무렵, 시인이 말하는 '만약'이 습득되리라 믿는다.

'타인이 나를 비난해도 나를 믿어주며, 속임수에 걸려 넘어져도 다른 이를 속이지 말고, 꿈을 가져야 하지만 그 꿈의 노예가 되지 말며, 왕의 옆에 걸을 만큼 높은 지위를 얻어도 겸손함을 유지해야 한다'는 시 안의 대구 문장들은 '삶의 평형수'가 되는 내적 힘의 중요성을 알려준다. 아이가 '한 사람의 어른'이 되도록 돕기 위해 부모로서 삶의 균형을 잡아주어야 하는 것이 어느 때보다 중요할 것이다. 하지만 그 전에 먼저 단단한 어른이 되어 자녀의 안전한 피날레를 지켜주어야겠다.

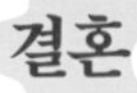

결혼

On marriage _Kahlil Gibran

Day 26

Let there be spaces in your togetherness.
And the winds of the heavens dance between you.

함께 있어도 공간을 두라.
하늘의 바람이 둘 사이를 춤추며 불도록 하라.

어휘

togetherness 함께함

Q. 함께 있으면 편안한 사람이 있나요?

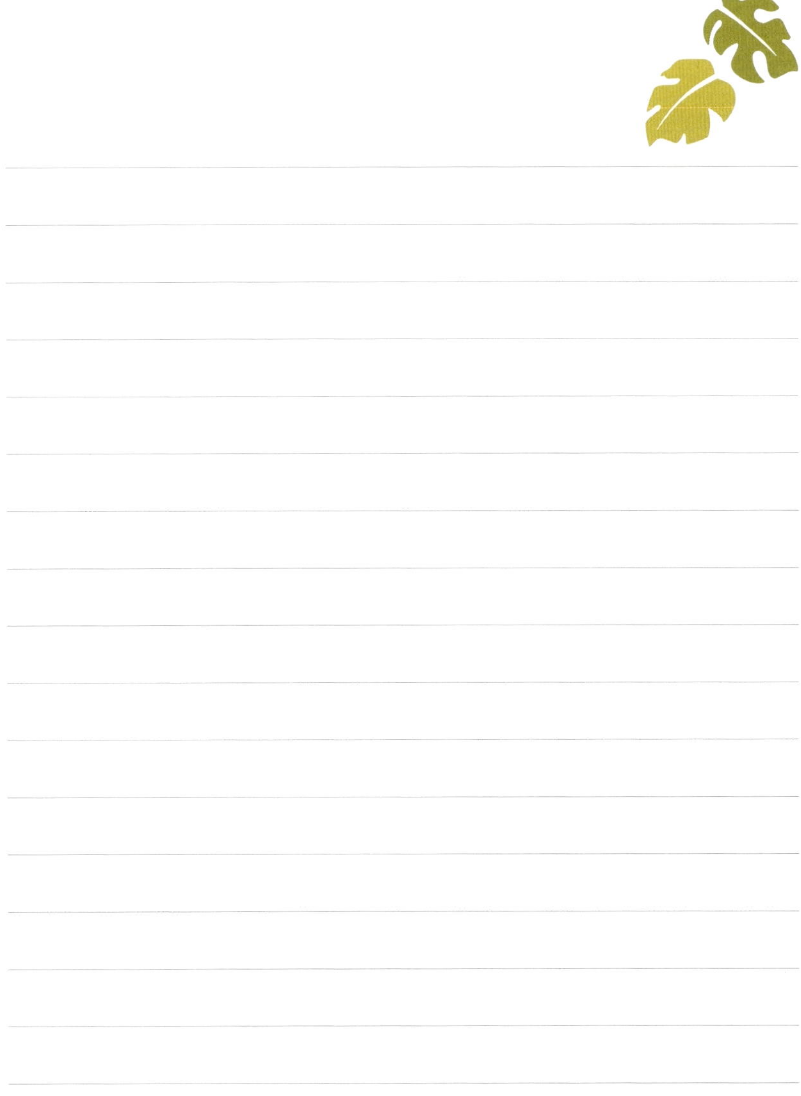

Love one another, but make not a bond of love.

Fill each other's cup, but drink not from one cup.

Sing and dance together and be joyous,

 but let each one of you be alone.

서로 사랑하되 서로를 사랑으로 구속하지 마라.

서로의 잔을 채워주되 한쪽의 잔만 마시지 마라.

함께 노래하고 춤추며 즐거워하되

각자 혼자 있게 하라.

어휘

a bond of love 사랑의 끈　**joyous** 기쁜

Q. 어떤 사랑을 하고 있나요? 구속하는 사랑인가요,
　여유를 허락한 사랑인가요? 왜 그런가요?

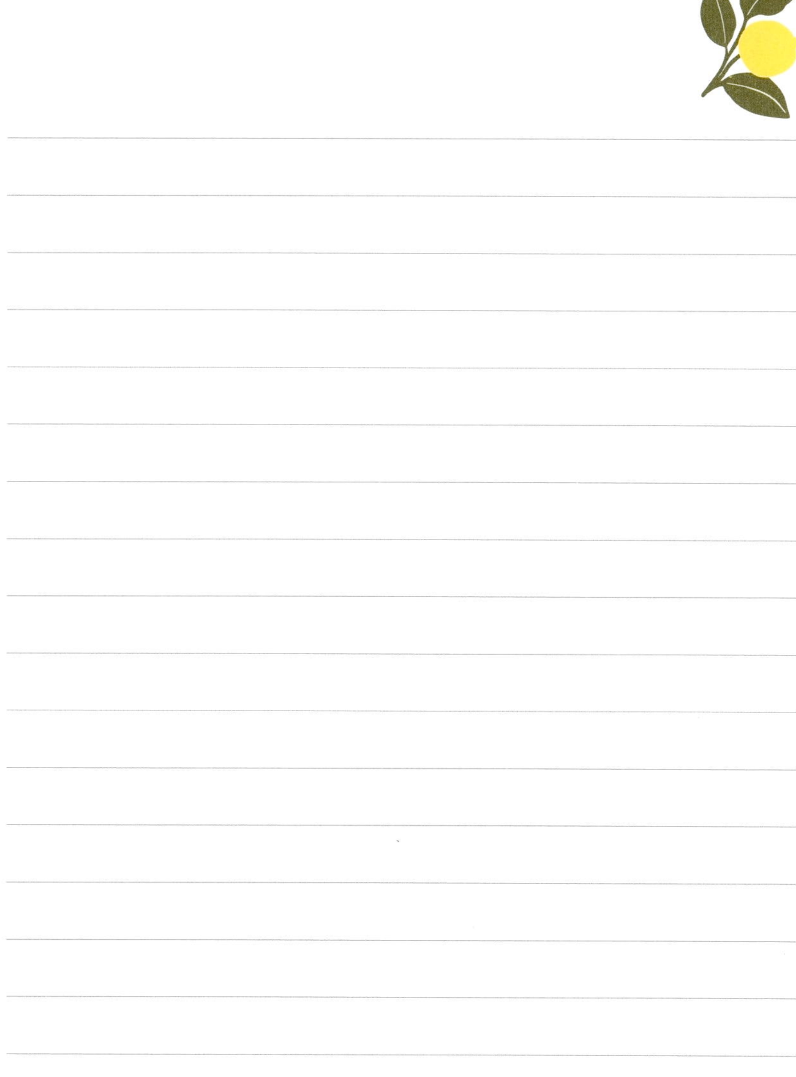

Give your hearts, but not into each other's keeping.
And stand together, yet not too near together.
For the pillars of the temple stand apart.
And the oak tree and the cypress grow
not in each other's shadow.

서로 마음을 주되 서로에게 묶어두지 마라.
함께 서 있되 너무 가까이 서 있지는 말라.
사원의 기둥들도 서로 떨어져 있고
참나무와 사이프러스도 서로의 그늘 속에서 자랄 수 없기에.

어휘

keeping 보관, 저장 **pillar** 기둥 **temple** 사원 **stand apart** 떨어져 서다
oak tree 참나무 **cypress** 사이프러스 **shadow** 그림자, 그늘

Q. 어떻게 하면 서로 묶어두지 않는 사랑을 할 수 있을까요?

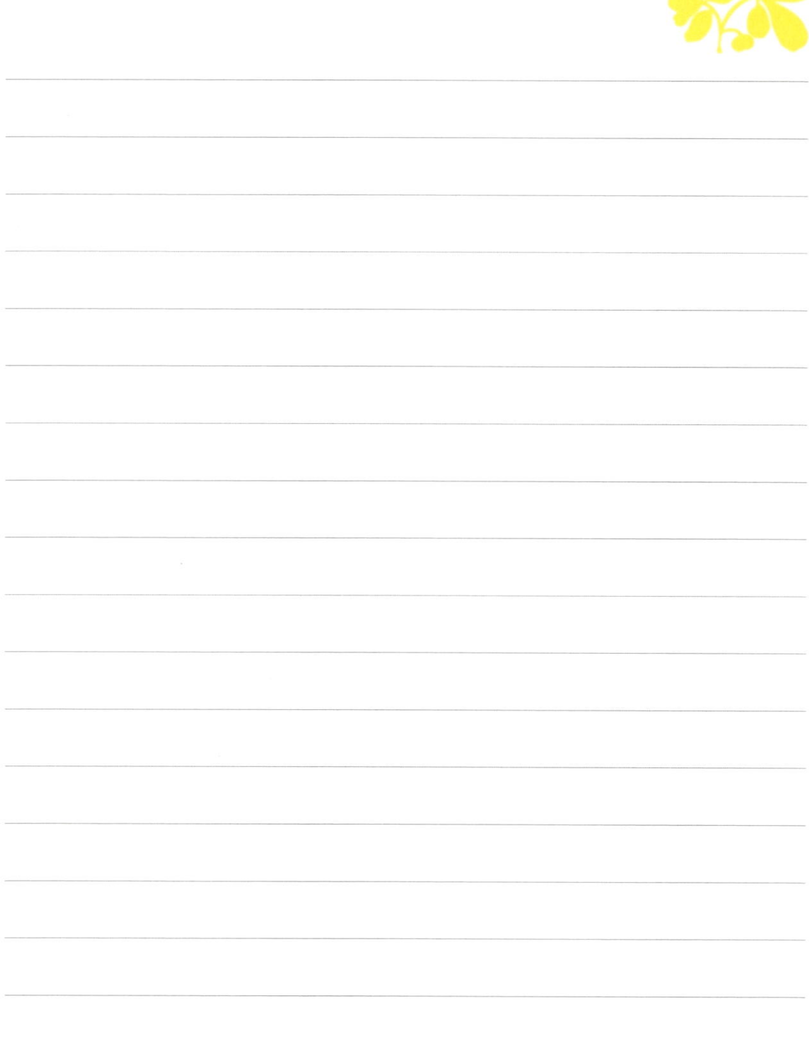

On marriage

_Kahlil Gibran

You were born together, and together you shall be forevermore.

You shall be together when the white wings of death scatter your days.

Ay, you shall be together even in the silent memory of God.

But let there be spaces in your togetherness,

And let the winds of the heavens dance between you.

Love one another, but make not a bond of love:

Let it rather be a moving sea between the shores of your souls.

Fill each other's cup but drink not from one cup.

Give one another of your bread but eat not from the same loaf.

Sing and dance together and be joyous, but let each one of you be alone,

Even as the strings of a lute are alone though they quiver with the same music.

Give your hearts, but not into each other's keeping.

For only the hand of Life can contain your hearts.

And stand together yet not too near together:

For the pillars of the temple stand apart,

And the oak tree and the cypress grow not in each other's shadow.

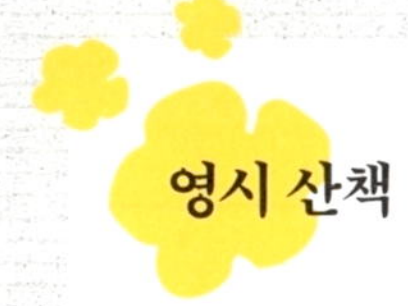

〈결혼에 대하여(On marriage)〉는 앞서 소개했던 〈아이들에 대하여(On children)〉와 함께 칼릴 지브란의 에세이집《예언자(prophet)》에 실려 있는 글이다. 사랑하는 이와 함께이지만 영혼의 자유를 중시했던 시인의 통찰 덕분에 결혼식에서도 종종 낭독되는 시이다. 에리히 프롬은《사랑의 기술》에서 사랑은 훈련해야 하는 기술이라고 말했다. 죽음으로 상대와 분리될 수밖에 없는 인간은 고독을 해결하기 위해 사랑을 선택하고 집착으로 이어진다. 하지만 도취된 합일이 아닌, 혼자 있을 수 있는 독립성이 진정한 사랑이며, 배워야 하는 기술이다. 부부 관계도 마찬가지다. 시인은 둘 사이의 과도한 밀착을 경계하라고 권한다. 'let there be spaces', 'let the winds of the heavens dance', 'let it rather be a moving sea' 등으로 관계에 숨통 틔울 만한 공간을 춤추는 바람, 일렁이는 물결 등으로 아름답게 표현하고 있다. 독실한 가톨릭 신자였던 지브란이 창세기 1장 3절, 'Let there be light(빛이 있으라)'이라는 창조의 구절과 문장 구조를 여러 번 차용한 듯하다.

사랑의 결실이자 출발인 결혼은 모험이다. 사랑으로 묶였다가 증오로 풀릴 수도 있고, 기쁨으로 시작해서 슬픔으로 끝날 수도 있으며, 절망을 뚫고 희망으로 다시 설 수도 있다. 두 사람이 하나의 운명 공동체로 시작하지만 그 길의 끝이 혼자일 수도, 둘일 수도, 셋 혹은 넷일 수도 있다. 선택은 각자의 몫이다. 단, '함께' 모험을 감행하고자 결심한 이들에게 시인이 말해주는 조언들은 구구절절 고개를 끄덕이게 한다. 서로의 잔을 채우되 한쪽 잔만 마시지 말며, 함께 즐거워하되 각자의 시간도 존중하는 결혼 생활을 강조한다. 무엇이든 과유불급이다. 결혼이라는 모험을 완주하는 비결은 너무 지나치지도 않고 너무 부족하지도 않게 중용의 도를 따르는 것이 아닐까.

Song of Myself _ Walt Whitman

Day 29

I have heard what the talkers were talking,
the talk of the beginning and the end,
But I do not talk of the beginning or the end.

말이 많은 사람들이 뭐라고 하는지 들어서 안다.
그들은 시작과 끝에 대한 이야기를 한다.
하지만 난 시작이나 끝에 대해 말하지 않는다.

어휘

talker 이야기꾼 **beginning** 시작 **end** 끝

Q. 끝이라 생각했는데 시작이었던 경험이 있나요?

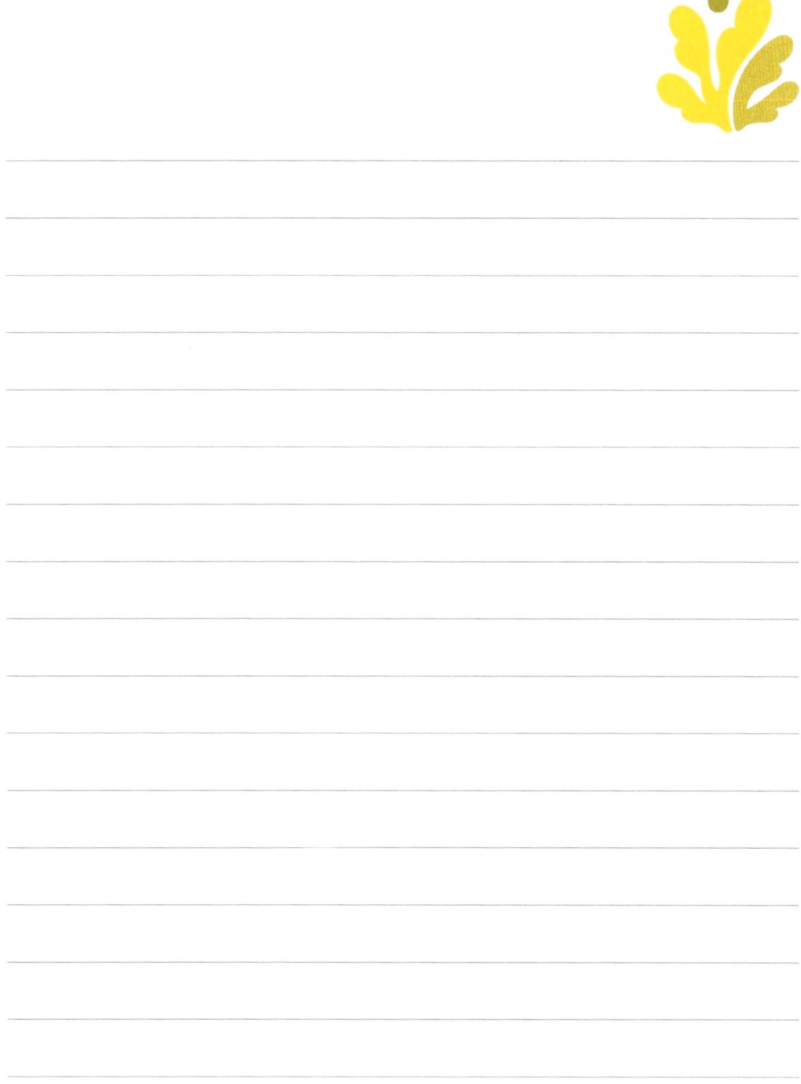

There was never any more inception than there is now,
Nor any more youth or age than there is now,
And will never be any more perfection than there is now,
Nor any more heaven or hell than there is now.

지금이 없이는 결코 시작도 없었다.
지금이 없이는 젊음이나 나이 듦도 없다.
또한 지금이 없이는 절대 완성도 없을 것이다.
지금 없이는 천국이나 지옥도 없으리라.

어휘

inception 시작   **perfection** 완벽

Q. '지금'은 나에게 어떤 의미인가요? 어떤 지금을 보내고 있나요?

Level Up English

There was never any more inception than there is now,
Nor any more youth or age than there is now,

부정 비교급이 최상급이 되는 문장 구조다. 과거(there was inception)와 지금(there is inception now)의 상태를 비교할 때, 지금보다 시작으로 충만한 적은 없으므로 모든 것은 현재가 가장 강렬한 시작점이라는 의미다. 'nor'는 접속사 'and'와 부정어 'not'의 결합어로 '또한 ~하지 않는'의 의미를 가진다. '지금보다 청춘과 노년으로 충천한 적이 없다'는 뜻으로 앞 문장과 대구를 이룬다. 젊음과 나이 듦이 공존하며 조화를 이루는 이 순간의 중요성을 말하고 있다.

Song of Myself(일부)

_Walt Whitman

I have heard what the talkers were talking,
the talk of the beginning and the end,
But I do not talk of the beginning or the end.

There was never any more inception than there is now,
Nor any more youth or age than there is now,
And will never be any more perfection than there is now,
Nor any more heaven or hell than there is now.

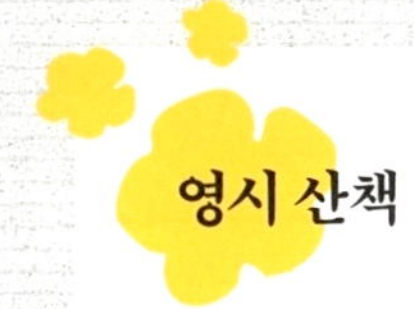

그리스어의 알파벳 순서상 가장 처음은 '알파'이고 가장 마지막은 '오메가'이다. 시작과 끝을 상징하는 알파와 오메가는 세상 창조 이전부터 세상 끝난 이후에도 존재하는 하나님을 칭한다. 시작과 끝은 인간의 영역이 아니다. 태초부터 지금까지 시간의 수직선에서 겨우 조그마한 점 하나 정도 찍고 사라지는 유한한 존재가 바로 인간이다.

창조론을 차치하고, 미국의 물리학자 칼 세이건의 우주 달력을 살펴보아도 마찬가지다. 우주의 역사 138년을 1년으로 압축하여 환산했을 때 우주의 탄생인 빅뱅이 1월 1일 자정이라면 인간은 12월 31일 11시 59분 30초에 출현한다고 한다. 장구한 우주 역사 중 찰나의 순간을 살았을 뿐인데 시작과 끝을 다 아는 것처럼 허풍을 떨 수 없는 노릇이다.

시작이나 끝이 아닌 '지금'에 주목하라는 휘트먼의 시는 우리가 서 있는 현재가 생의 한가운데임을 말해준다. 인생에 변두리의 순간은 없다. 전혀 특별할 것 없는 날에도 역사는 쓰인다. 예민하게 안테나를 높여 '지금'을 감각하려고 노력해야 하는 이유다. 그래서 시인은 '지금'이 없이는 결코 시작도, 젊음도, 나이 듦도, 완성도, 천국이나 지옥도 없다고 하는 것이다.

젊음

Youth _Samuel Ullman

Day 31

Youth is not a time of life, it is a state of mind;
it is not a matter of rosy cheeks, red lips and supple knees;
it is a matter of the will, a quality of the imagination,
a vigor of the emotions;
It is the freshness of the deep springs of life.

젊음은 삶의 한때가 아니라 마음의 상태이다.
장밋빛 볼과 앵두 입술과 유연한 무릎이 아니라
의지가 있는지 풍부한 상상력과 활기찬 감정을 가지고 있는지다.
젊음은 깊은 삶의 샘에서 샘솟는 활기이다.

어휘

a state of mind 마음 상태   **rosy cheek** 장밋빛 볼   **supple** 유연한   **vigor** 힘
freshness 신선함   **spring** 샘

Q. 나는 젊음을 가지고 있나요? 어떤 면에서 그런가요, 혹은 그렇지 못한가요?

Day 32

Youth means a temperamental predominance of courage over timidity, of the appetite for adventure over the love of ease.
This often exists in a man of sixty more than a boy of twenty.

젊음이란 기질적으로 소심을 넘어서는 용기이며
안일함을 이기고 모험을 갈망하는 것이니
스무 살의 청년보다 예순의 노년에 더 많을 수도 있다.

어휘

temperamental 기질적인 predominance 우세 timidity 소심함 appetite 식욕

Q. 젊음은 무엇이라고 생각하나요?

Day 33

Nobody grows old merely by a number of years.
We grow old by deserting our ideals.

단지 나이가 든다고 늙는 것이 아니다.
이상을 포기할 때 늙어가는 것이다.

어휘

merely 단지 desert 버리다 ideal 이상

Q. 신체의 나이가 몇 살인가요? 마음의 나이는 몇 살인가요? 왜 그런가요?

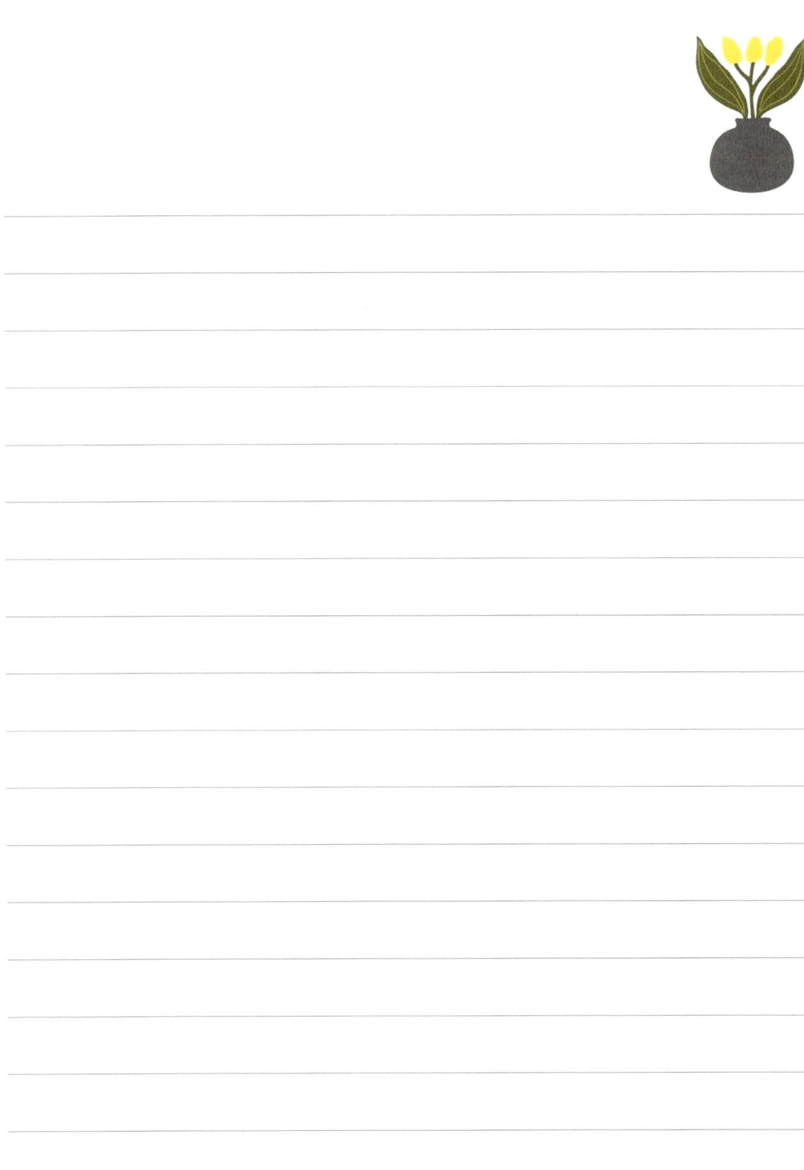

In the center of your heart and my heart
there is a wireless station; so long as it receives messages
of beauty, hope, cheer, courage and power from men
and from the infinite, so long are you young.

그대와 나의 가슴 한가운데
무선 송신국이 놓여 있다.
사람과 하늘로부터 아름다움, 희망, 격려와 용기의 메지시를 받는 한
당신은 젊은 것이다.

어휘

wireless station 무선국　**as long as** ~하는 한　**infinite** 무한의(the infinite 무한, 하늘)

Q. 가슴을 뛰게 하고, 경이로움을 느끼게 하는 무언가가 있나요?

Level Up English

**so long as it receives messages of beauty, hope, cheer, courage
and power from men and from the infinite, so long are you young.**

'so long are you young'은 문법적으로 올바른 구조는 아니다. 시적·문학적 허용이라는 측면에서
원래는 'You are young so long as it receives ~'이지만, 'so(as) long as(~하는 한)'의 조건
부사절에서 'as'를 생략하고 어순을 바꾸는 도치를 통해 리듬감과 간결함을 살린다.

Day 35

When the aerials are down, and your spirit is covered
with snows of cynicism and the ice of pessimism,
then you are grown old, even at twenty,
but as long as your aerials are up, to catch waves of optimism,
there is hope you may die young at 80.

안테나가 꺾이고 영혼이 냉소의 눈과 비관의 얼음으로 묻혀버리면
스무 살이어도 이미 늙은 것이지만
반대로 안테나를 높여 낙관의 파동을 여전히 포착한다면
여든이 되어도 젊음으로 생을 마감할 수 있다.

어휘

aerial 안테나   **cynicism** 냉소   **pessimism** 비관

Q. 더욱 젊게 살기 위한 결단이나 다짐이 있다면 적어볼까요?

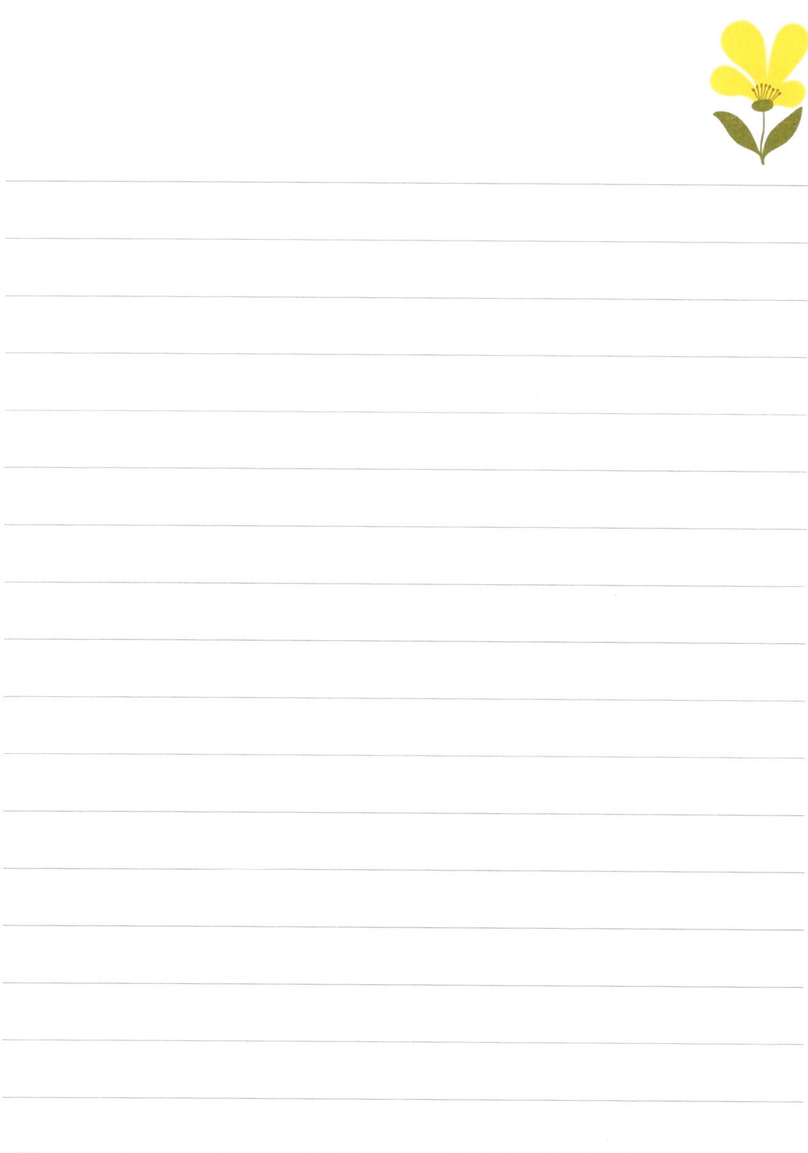

Youth

_Samuel Ullman

Youth is not a time of life, it is a state of mind;
it is not a matter of rosy cheeks, red lips and supple knees;
it is a matter of the will, a quality of the imagination, a vigor of the
emotions;
It is the freshness of the deep springs of life.

Youth means a temperamental predominance of courage over timidity,
of the appetite for adventure over the love of ease.
This often exists in a man of sixty more than a boy of twenty.
Nobody grows old merely by a number of years.
We grow old by deserting our ideals.

Years may wrinkle the skin, but to give up enthusiasm wrinkles the soul.
Worry, fear, self–distrust bows the head and turns the spirit back to dust.

Whether sixty or sixteen, there is in every human being's heart the lure of
wonder,
the unfailing childlike appetite of what's next and the joy of the game of
living.
In the center of your heart and my heart there is a wireless station;
so long as it receives messages of beauty, hope, cheer, courage
and power from men and from the infinite, so long are you young.

When the aerials are down, and your spirit is covered with snows of
cynicism and the ice of pessimism,
then you are grown old, even at twenty, but as long as your aerials are up,

to catch the waves of optimism, there is hope you may die young at eighty.

이 시는 산문시(리듬의 단위를 문장 또는 문단으로 나누는 산문형식이지만 시처럼 아름다운
상징과 감성을 담은 시)로 생략과 도치(어순 변화)가 곳곳에서 일어난다.

there is in every human being's heart the lure of wonder, the unfailing childlike appetite of what's next and the joy of the game of living.

'there is [A, B and C] in every human being's heart'의 기본 구조에서 세 개의 명사구가 길게
나열되다 보니 뒤에 나오는 전치사구를 앞으로 도치시키고 있다. 여기에 A, B, C를 추상적
개념의 한 덩어리로 간주하여 동사를 'are'가 아닌 'is'로 단수형을 사용한다.

새뮤얼 울먼 Samuel Ullman

미국의 작가이자 시인(1840~1924). 독일에서 태어나 어린 시절 미국으로 이민한 후 앨라배마주 버밍햄에서 사업가이자 시민운
동가로 활동했다. 대표작 〈청춘(Youth)〉은 일본에서 특히 사랑받으며 맥아더 장군이 애독한 시로도 유명하다.

새뮤얼 울먼이 78세에 쓴 산문시 〈Youth(청춘)〉는 맥아더 장군의 인생 시로 유명하다. 맥아더 장군이 일본에서 재직하던 시절, 이 시를 사무실 벽에 걸어 놓고 연설에 인용하면서 수많은 일본 기업가들과 지도자들 사이에 삶의 지침서로 널리 전파되었다고 한다. 독일 태생의 미국 이민자였던 울먼은 나이를 초월한 삶의 태도와 마음가짐을 시에 담았다.

'나이는 숫자에 불과하다'는 말처럼 60세를 20세처럼 살 수 있는 젊음의 비결은 무엇일까? 핵심은 '마음 상태(a state of mind)'라고 한다. 나이보다 마음이 먼저 늙어 버리면 안 된다. 매일의 젊음을 갱신하기 위해 '늙었다', 혹은 '늦었다'는 우울한 핑계를 접고 남은 인생 중 가장 '어린' 오늘을 사는 낙관적 '마음 먹기'가 중요하다.

'turn the spirit back to dust'는 창세기 3장 19절 'Dust thou art, to dust returnest(너는 흙이니 흙으로 돌아가리라)'에서 인용된 표현이다. 인간의 유한성을 표현할 때 영미시에서 많이 따오는 성경 구절이다. 걱정, 두려움, 자기 불신 등은 육신뿐만 아니라 정신을 쇠하게 하는 주범이다. 피부의 주름보다 영혼의 주름을 관리할 필요가 있다.

노년을 청춘처럼 즐기는 분, 시어머니는 '난 지금이 가장 좋아!' 하며 80세가 훌쩍 넘은 연세에도 월화수목금토일, 꽉 찬 일정으로 가족 중 가장 바쁘시다. 고운 화장에 예쁜 드레스를 입고 매년 백세합창단 무대에 서신다. 은퇴 후 삶의 여백 한 뙈기에 음악이라는 씨를 심고 가꾸어 세상에 내놓으시는 시어머니 덕분에 매년 어김없이 귀가 호강한다. 함께 열심히 합창의 터를 일구신 어르신들은 희끗한 생의 한 지점에서 큰 환호를 받는다. 합창 단원 중에서 가장 고령이신 97세 할아버지의 백발이 눈부시게 아름다웠던 적이 있다. 인생이 들고 나는 시간의 한 지점에서 아름다운 노래가 한 목소리로 울려 퍼지는 그들의 무대는 경이롭다.

무에서 유를 만든 백세 인생의 무대는 후대에 진정한 젊음의 의미와 은퇴 후를 즐겁게 꿈꿀 수 있는 멋진 삶의 노래가 되어준다. 안테나를 높여 여든에도 젊음의 뜀박질을 하고 계신 어르신들에게 존경을 표한다.

Auguries of Innocence _William Blake

Day 36

To see a World in a grain of sand,
And a Heaven in a wild flower,
Hold Infinity in the palm of your hand,
And Eternity in an hour.

한 알의 모래에서 세계를 보고
한 송이의 야생화에서 천국을 보려면
손바닥 안에 있는 무한을 움켜쥐고
찰나 속에 영원을 붙잡아라.

어휘

augury 전조   **innocence** 순수   **a grain of sand** 한 알의 모래알
infinity 무한성   **palm** 손바닥   **eternity** 영원성

Q. 사소한 것이 크게 보였던 경험이 있나요?
　　찰나에서 영원을 붙잡으라는 것이 무슨 말일까요?

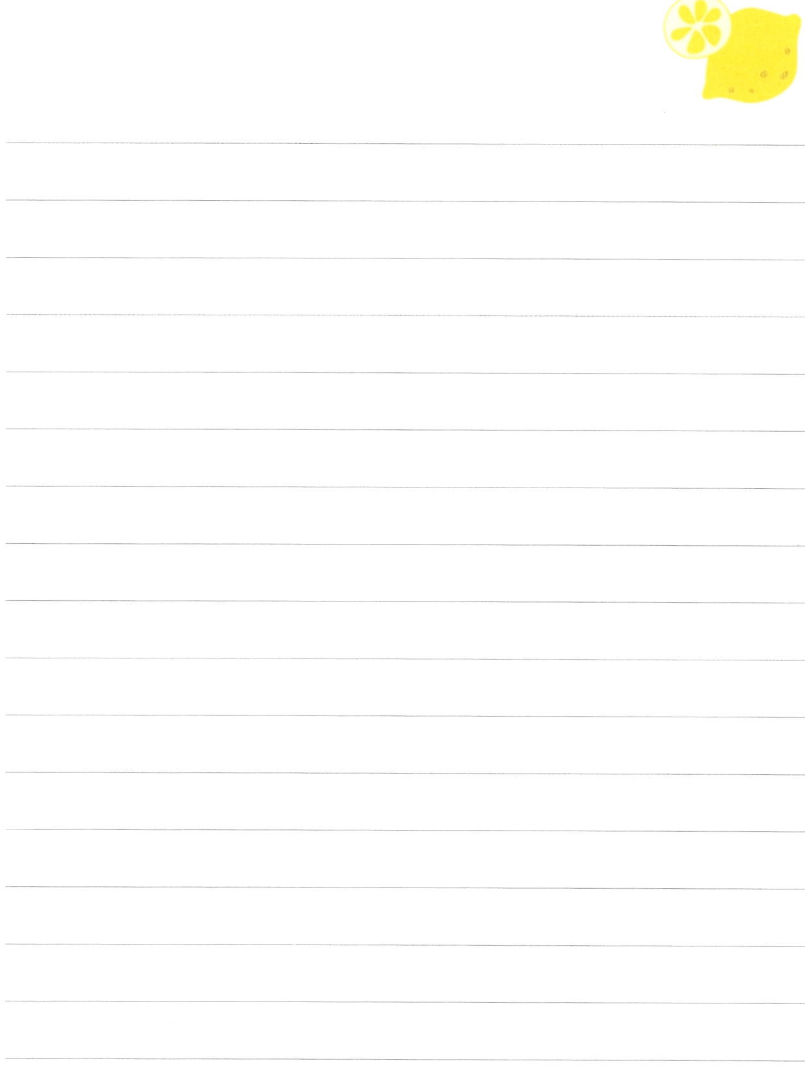

Auguries of Innocence(일부)

_William Blake

To see a World in a grain of sand,
And a Heaven in a wild flower,
Hold Infinity in the palm of your hand,
And Eternity in an hour.

윌리엄 블레이크 William Blake

영국의 시인·화가·판화가(1757~1827). 런던에서 태어나 판화 기법을 익혔으며, 시와 그림을 결합한 독특한 채색 판화집을 직접 제작했다. 신비주의적 상상력과 종교적 환상을 바탕으로 한 작품들로 낭만주의 문학의 선구자로 평가받는다.

18세기 영국 낭만주의 시대의 대표적인 시인 윌리엄 블레이크는 동일한 상황을 순수와 경험이라는 다른 관점에서 조명하는 짝 시를 많이 썼다. 선과 악, 세상의 진리, 우주의 원리에 대해 꿰뚫는 통찰력을 가지고 현실 문제를 드러냄과 동시에 순수한 비전을 제시한다.

그의 시는 애플의 창업자 스티브 잡스가 즐겨 읽었던 것으로 알려진다. 스티브 잡스가 좋아했던 〈Auguries of Innocence(순수의 전조)〉의 첫 소절은 어린 시절의 순수함과 무한한 상상력의 가능성을 보여준다. 영국 사회의 모순을 풍자하는 다소 어두운 내용이 이어지지만, 첫 4행만큼은 세상 본질에 대한 강렬한 통찰이 담겨있다.

'a grain'은 곡식의 낱알, 혹은 작은 알갱이를 뜻하며 소량의 모래를 'a grain of sand'로 표현한다. 'wild flower(들꽃, 야생화)'는 이름조차 알 수 없는 관심 밖의 대상을 상징한다. 한 알의 모래와 한 알의 들꽃은 지극히 작고 볼품없는 존재이다. 비밀스럽게도 이런 사소함을 지나치지 않는 사람들만이 큰 세상과 천국을 볼 수 있다. 순간 속에서 영원을 살아가며, 무심한 듯 옆을 지키고 있는 소소한 것을 보듬고 작은 것에 감사를 더하는 마음은 낙원을 여는 열쇠다. 일상에서 축적되는 힘이기도 하다.

최고가 아닌 최선

Be the best of whatever you are

_Douglas Malloch

Day 37

If you can't be a pine on the top of the hill,
Be a scrub in the valley—but be
The best little scrub by the side of the hill;
Be a bush if you can't be a tree.

언덕 위의 소나무가 될 수 없다면
골짜기의 관목이 되세요. 하지만
시냇가 옆의 가장 좋은 관목이 되세요.
나무가 될 수 없다면 덤불이 되세요.

어휘

pine 소나무　**scrub** 관목　**valley** 골짜기　**bush** 수풀, 덤불

Q. 나는 무엇이 되고 싶나요?

여기서, 제목에 사용된 'whatever'과 'whoever'의 미묘한 뉘앙스 차이를 살펴보자. 사람을 'whatever'로 표현할 수 있는지에 대한 궁금증이 생긴다. 'whatever you are'는 '네가 무엇이 되든지'의 의미로 주어진 역할이나 지위, 직업 등 객관적인 상황이나 형태를 가리킨다. 반면, 'whoever you are'은 '네가 어떤 사람이든지'라는 뜻으로 성격, 성별, 인종 등 인격적인 특성이나 정체성과 같은 존재론적인 특징을 지칭한다. 무엇에 초점을 두느냐에 따라 'whatever' 혹은 'whoever' 어휘 선택을 달리하여 사용 가능하다.

If you can't be a bush, be a bit of the grass,
And some highway happier make;
If you can't be muskie, then just be a bass—
But the liveliest bass in the lake.

덤불이 될 수 없다면 한 포기의 풀이 되세요.
그래서 어떤 고속도로를 더 행복하게 해주세요.
강의 최고 포식어인 머스키가 될 수 없다면 배스가 되세요.
하지만 호수에서 가장 활기찬 배스가 되세요.

어휘

highway 고속도로　muskie(=muskellunge fish) 민물에서 가장 사나운 포식성 어류
bass 민물 중형 물고기

Q. 괜스레 초라함을 느낀 경험이 있나요?

We can't all be captains, we've got to be crew
There's something for all of us here.
There's big work to do, and there's lesser to do,
And the task you must do is near.

우리 모두가 선장이 될 순 없죠. 선원도 있어야 해요.
이 세상에는 우리 모두가 할 일이 있답니다.
크고 중요한 일도 있고 작고 소소한 일도 있어요.
당신이 해야 할 일은 바로 당신 옆에 있어요.

어휘

captain 선장   crew 선원   lesser (중요성) 덜한

Q. 크고 중한, 그리고 작고 소소한, 할 일들에 무엇이 있나요?

If you can't be a highway, then just be a trail,
If you can't be the sun, be a star;
It isn't by size that you win or you fail—
Be the best of whatever you are!

고속도로가 될 수 없다면 그냥 오솔길이 되세요.
태양이 될 수 없다면 별이 되세요.
당신이 이기고 지는 것은 크기로 결정되지 않아요.
무엇이 되든 그 안에서 최고가 되세요!

어휘

trail 오솔길

Q. 무엇에서 최고가 되고 싶은가요?

Be the best of whatever you are

_ Douglas Malloch

If you can't be a pine on the top of the hill,
Be a scrub in the valley–but be
The best little scrub by the side of the hill;
Be a bush if you can't be a tree.

If you can't be a bush, be a bit of the grass,
And some highway happier make;
If you can't be muskie, then just be a bass—
But the liveliest bass in the lake.

We can't all be captains, we've got to be crew
There's something for all of us here.
There's big work to do, and there's lesser to do,
And the task you must do is near.

If you can't be a highway, then just be a trail,
If you can't be the sun, be a star;
It isn't by size that you win or you fail—
Be the best of whatever you are!

더글러스 말록 Douglas Malloch

미국의 작가(1877~1942). 미시간주에서 태어나 벌목업 종사 후 시인이자 작가로 활동했으며, 미시간주의 계관 시인으로 임명되기도 했다. 대표작으로는 〈Be the best of whatever you are〉가 있으며, 자연을 소재로 한 시와 격려와 희망의 메시지를 담은 작품들로 유명하다.

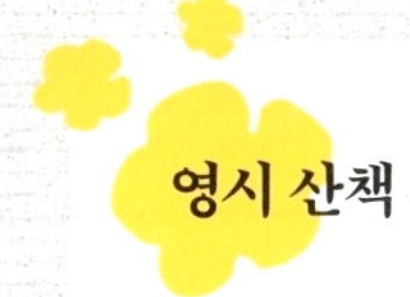

영시 산책

더글러스 말록은 미국의 시인이자 칼럼니스트였다. 목재 산업의 중심지 미시간의 도시 머스키건에서 태어나 숲, 벌목, 벌채 캠프 등이 익숙한 어린 시절을 보냈다. 환경 보호와 관련된 시를 써서 목제업자의 시인(lumberman's poet)으로 알려지게 되었으며 숲, 나무, 노동 등 자연과 인간의 관계에 대한 시를 많이 썼다. 〈Be the best of whatever you are(무엇이든 최고가 되세요)〉은 '비교하지 말고 자신의 위치에서 최선을 다하라'는 메시지를 담은 말록의 대표시다.

시인은 말한다. 언덕 위의 소나무가 될 수 없다면 골짜기의 관목이 되라고, 나무가 될 수 없다면 덤불이 되라고, 덤불이 될 수 없다면 한 포기의 풀이 되라고, 고속도로가 될 수 없다면 오솔길이 되라고, 태양이 될 수 없으면 별이 되라고.

사실 말이 쉽지, 상황에 관계없이 꼿꼿한 마음을 세우기란 쉽지 않다. 물은 아래로 떨어지지만 사람은 위로 올라가길 원하기 때문이다. 눈에 띄게 큰일을 해내는 리더 급 인물 정도는 되어야 어깨에 뽕을 넣을 수 있다 보니 나보다 나은 사람 앞에 괜스레 작아지기도 한다. 소박함이 초라해지는 순간이다. 하지만, 모두가 선장이 될 수는 없다. 선원도 있어야 한다. 선원이 없는 배에 선장이 있을 수 없다. 선장은 선원에서 출발한다. 작은 일에 충성하는 사람이 진정으로 위대해진다. '노력' 만큼은 최고가 되어야 한다. '최고가 아닌 최선'의 태도다.

Loveliest of Trees _Alfred Edward Hausman

Day 41

Loveliest of trees, the cherry now
Is hung with bloom along the bough,
And stands about the woodland ride
Wearing white for Eastertide.

가장 사랑스러운 나무인 벚나무는 지금
가지를 따라 만발한 꽃을 드리우고,
숲길 둘레를 따라 서 있네.
부활 주일을 위해 하얀 옷을 입고 있듯.

어휘

lovely 사랑스러운   cherry 벚나무   bloom 꽃(을 피우다)
bough 가지   woodland 삼림   Eastertide 부활절 계절

Q. 당신에게 아름다운 풍경은 어떤 모습인가요?

'Eastertide'는 부활절(Easter) 이후 성령 강림 주일(Whitsuntide)까지 50일간의 기간을 의미한다. '밀물과 썰물'이라는 'tide'의 의미처럼 부활절의 물결, 부활절 정신의 흐름이라는 뉘앙스가 깔린다. 크리스천의 절기 중 가장 길며 예수님의 부활(Resurrection) 이후, 승천(Ascension)하기 전까지 40일간 제자들에게 나타나 동행했던 기간을 기린다. 부활절 달걀(Easter egg) 나누기, 달걀 찾기(Egg hunt) 행사에서부터 십자가를 꽃으로 장식하거나 꽃장식이 된 모자(Easter Bonnet)를 쓰는 등 다양한 풍습이 어우러지는 시기이다.

Day 42

It only leaves me fifty more.
And since to look at things in bloom
Fifty springs are little room,
About the woodlands I will go
To see the cherry hung with snow.

내게 남는 것은 단 쉰 개의 봄.
그리고 활짝 핀 꽃을 보기엔
쉰 개의 봄은 너무 짧으니
나는 숲길 둘레를 돌아다니며
눈 꽃송이를 드리운 벚꽃을 보아야지.

어휘

leave ~을 남기다   **room** 여지

Q. 내 인생의 봄은 몇 번 정도 남았나요? 이 시간 동안 무엇을 하고 싶나요?

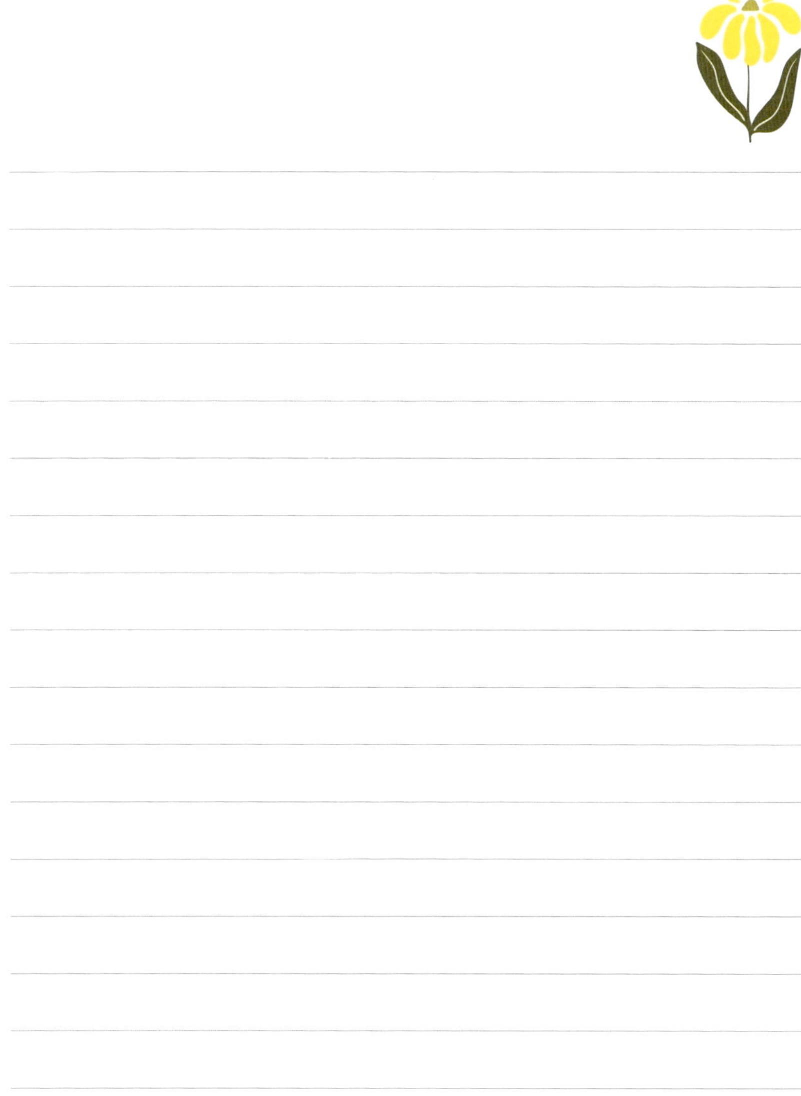

Loveliest of Trees

_Alfred Edward Hausman

Loveliest of trees, the cherry now
Is hung with bloom along the bough,
And stands about the woodland ride
Wearing white for Eastertide.

Now, of my threescore years and ten,
Twenty will not come again,
And take from seventy springs a score,
It only leaves me fifty more.

And since to look at things in bloom
Fifty springs are little room,
About the woodlands I will go
To see the cherry hung with snow.

알프레드 에드워드 하우스먼 Alfred Edward Housman

영국의 시인이자 고전학자(1859~1936). 잉글랜드 우스터셔주에서 태어나 옥스퍼드 대학교에서 고전학을 전공했다. 간결하고 우울한 어조로 죽음, 사랑, 향수를 노래한 서정시로 유명하며, 엄격한 고전주의 정신과 현대적 감수성을 조화시킨 작품들을 남겼다.

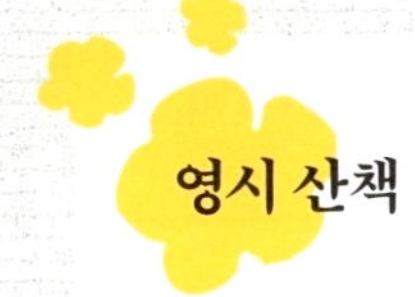

하우스먼은 19세기 말에서 20세기 초에 활동했던 영국 시인이자 고전학자였다. 시의 전통적인 운율을 잘 살리면서 인간 존재와 삶의 덧없음을 주제로 한 서정시를 많이 썼다.

〈Loveliest of Trees(가장 사랑스러운 벚나무)〉는 영국 가곡 모음집에 수록된 시이다. 봄의 아름다움을 곱게 묘사함과 동시에 인생의 유한함을 대비적으로 표현함으로써 절제된 슬픔을 드러내는 작품으로 사랑받고 있다. 화려한 축제의 봄이 너무 아름다워 서러운 걸까. 너무 행복해서 슬픔과 아쉬움으로 인해 가슴이 아리는 것처럼. 멈추지 않는 세월 앞에 현실적인 대안을 더듬어 찾는 시인은 나이를 계산해본다.

Now, of my threescore years and ten,

Twenty will not come again,

take from seventy springs a score,

It only leaves me fifty more.

'score'는 20을, 'threescore'는 세 번의 20, 즉 60을 의미한다. 60세에 10년이 더해지면 70, 곧 일흔의 나이다. 일흔이 되기까지 70번의 봄을 경험하게 된다. 70개의 봄에서 20(a score)번을 빼면(take) 남아 있는 봄은 불과 50개뿐이다. 허비할 시간이 없다. 그러므로 당장 봄을 즐겨야 한다. 지나간 시절은 잡을 수 없고, 앞으로의 시간은 기약이 없다. 70번 중 온전하게 즐길 수 있는 봄은 지금 내 앞에 당도한 봄이다. 당장 꽃송이를 드리운 벚꽃을 보며 행복을 챙기는 것이 현명한 선택이다.

The village blacksmith _Henry Wadsworth Longfellow

Day 43

Each morning sees some task begin,
Each evening sees it close;
Something attempted, something done,
Has earned a night's repose.

매일 아침 일을 시작하고
매일 저녁 일을 마무리한다.
무언가를 시도하고, 무언가를 이루어냄으로써
그는 밤의 휴식을 누릴 자격을 얻는다.

어휘

attempt 시도하다   **repose** 휴식(하다)

Q. 오늘 밤의 휴식을 누릴 자격을 얻었나요?

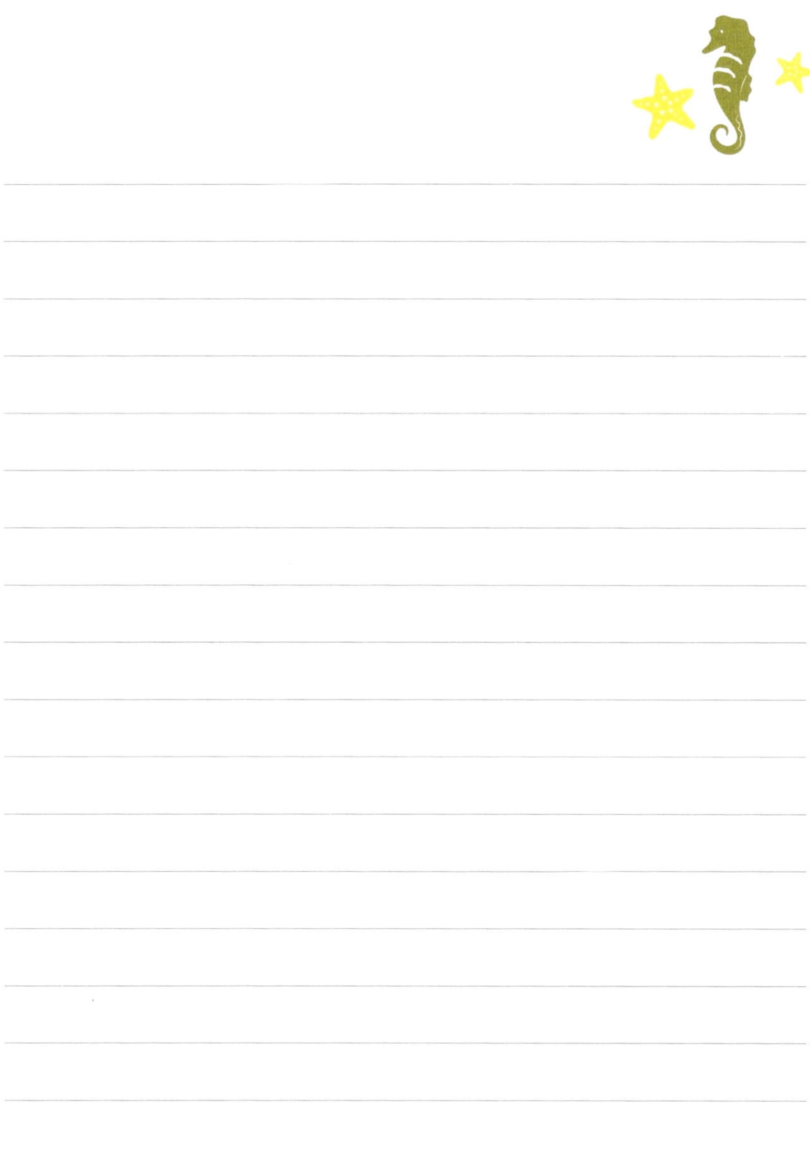

Thus at the flaming forge of life
Our fortunes must be wrought;
Thus on its sounding anvil shaped
Each burning deed and thought.

그렇게 인생이라는 불타는 용광로 속에서
우리의 운명은 단련되어 가고,
그렇게 소리가 울려 퍼지는 모루 위에서
우리의 타오르는 행동과 생각이 형성되는 것이다.

어휘

flaming 격렬한   **forge** 용광로   **fortune** 운명, 운
wreak-wrought-wrought (큰 피해 등을) 입히다   **anvil** 모루   **deed** 행동

Q. 오늘, 무엇을 감사할 수 있나요?

The village blacksmith

_Henry Wadsworth Longfellow

Under a spreading chestnut–tree
The village smithy stands;
The smith, a mighty man is he,
With large and sinewy hands,
And the muscles of his brawny arms
Are strong as iron bands.

His hair is crisp, and black, and long;
His face is like the tan;
His brow is wet with honest sweat,
He earns whate'er he can,
And looks the whole world in the face,
For he owes not any man.

Week in, week out, from morn till night,
You can hear his bellows blow;
You can hear him swing his heavy sledge,
With measured beat and slow,
Like a sexton ringing the village bell,
When the evening sun is low.

And children coming home from school
Look in at the open door;
They love to see the flaming forge,
And hear the bellows roar,
And catch the burning sparks that fly

Like chaff from a threshing–floor.

He goes on Sunday to the church,
And sits among his boys;
He hears the parson pray and preach,
He hears his daughter's voice
Singing in the village choir,
And it makes his heart rejoice.

It sounds to him like her mother's voice
Singing in Paradise!
He needs must think of her once more,
How in the grave she lies;
And with his hard, rough hand he wipes
A tear out of his eyes.

Toiling,—rejoicing,—sorrowing,
Onward through life he goes;
Each morning sees some task begin,
Each evening sees it close;
Something attempted, something done,
Has earned a night's repose.

Thanks, thanks to thee, my worthy friend,
For the lesson thou hast taught!
Thus at the flaming forge of life

Our fortunes must be wrought;
Thus on its sounding anvil shaped
Each burning deed and thought.

헨리 워즈워스 롱펠로 Henry Wadsworth Longfellow
미국의 작가(1807~1882). 메인주 포틀랜드에서 태어나 보든 칼리지와 하버드 대학교에서 교수로 재직하며 문학 활동을 펼쳤다. 19세기 미국을 대표하는 시인으로 미국의 역사와 전설을 소재로 한 서사시를 통해 미국 문학의 기초를 다졌으며, 리듬감 있는 운율과 대중적인 문체로 당시 가장 인기 있는 시인 중 한 명이었다.

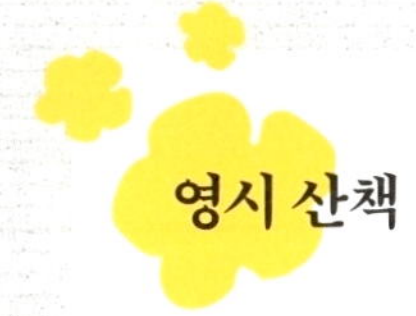

전통적인 운율과 리듬을 갖추고 있는 이 시는 총 9연으로 이루어져 있으며 6행이 한 연을 구성한다. 각 행의 끝 단어 발음이 보여주는 운율 패턴을 1연에서 살펴보면, tree(A), stands(B), he(A), hands(B), arms(C), bands(C)로 'ABABCC' 형식을 따른다. 튀지 않는 보통의 시 형식이라는 틀 안에 일상성이라는 주제까지 녹이고 있는 기막힌 조합이다.

이름 없는 대장장이는 '매일' 아침 일을 시작하고, '매일' 저녁 일을 끝맺으며 뭔가를 노력하고, 이루어 낸 후 밤의 휴식을 얻는다. 아내를 잃은 아픔은 있지만 정직한 땀을 흘려 할 수 있는 만큼 벌고, 빚 없이 떳떳하게 세상을 바라본다. 일하며 기뻐하고 슬퍼하며 평범한 일상 속에 평범한 일들을 꿋꿋하게 반복한다. 불타는 용광로 속에서 행복을 만들어가는 그의 비결은 평범함의 반복이었다. 그의 대장간을 인생에 비유하는 마지막 연은 압권이다.

불타는 용광로, 불꽃을 살려내는 요란한 풀무 소리, 무언가를 만들어 내도록 모양을 받쳐주는 모루, 그 위로 내려치는 쇠망치를 통해 각자의 행동과 생각이 단련되고 운명이 형태를 잡아간다. 시인은 'wreak'이라는 강도 높은 동사로 인생의 조형을 묘사하고 있다. 'wreak'은 'havoc(대파괴, 큰 혼란과 피해)'라는 단어와 함께 쓰이며 '사정없이 파괴하다', '큰 피해를 입히다'는 의미로 이어진다. 우리의 일상이 그만큼 강력한 힘으로 만들어짐을 나타내리라. 이렇듯 시시하고 사소한 것으로 매일 반복하면 달라진다. 오늘 하루, 나만의 사소함을 쌓아나가는 것은 어떨까.

가을에 어울리는 추천 음악
① 다이아나 크롤 〈Desperado〉
② 팻 메스니의 앨범 《moondial》中 〈Angel eyes〉
③ 브래드 멜다우의 앨범 《Songs》中 〈For all we know〉

인생의 가을

인생의 가을은 여러 가지 질문에 대한 답을 해줄 수 있는 시기예요.

많은 사랑을 했는지, 인생이 아름다웠는지, 어떤 열매를 얼마만큼 맺었는지 등

쏟아지는 질문에 떳떳하고 자랑스럽게 준비된 답을

내놓을 수 있다면 얼마나 좋을까요.

추수 거리를 한아름 품에 안지는 못하더라도 텅 빈 손이 아니길 바라봅니다.

〈내 인생에 가을이 오면〉이라는 시를 들여다보며 좋은 생각, 좋은 말, 좋은 행동의 씨를

부지런히 뿌려야겠다는 생각을 하게 됩니다.

피어남의 절정인 열매 맺음과 거두고 떨어지는 수확이 공존하는 오묘한 계절,

가을맞이를 기쁘게 하고 싶어져요.

수확물의 양보다 질을 음미하며 많든 적든 없든 간에 감사하길,

그리고 생의 가장 큰 열매는 바로 나 자신임을 마음에 새겨보세요.

나와 동행해 준 나 자신을 누구보다 많이 축복해주는 걸 잊지 마시고요.

성공

What is success? _Bessie Anderson Stanley

Day 45

To laugh often and much;
To win the respect of intelligent people
and the affection of children;
To earn the appreciation of honest critics
and endure the betrayal of false friends;
To appreciate beauty;
To find the best in others;

자주 그리고 많이 웃는 것
현명한 사람들로부터 존경을 얻고
아이들에게 사랑받는 것.
정직한 비평가로부터 인정을 받고
거짓된 친구들의 배신을 견뎌내는 것.
아름다움을 감상할 줄 아는 것.
다른 이들의 가장 좋은 면을 발견하는 것.

어휘

win 얻다　**intelligent** 현명한　**affection** 애정　**appreciation** 평가　**critic** 비평가

Q. 성공이란 무엇이라 생각하나요?

Level Up English

성공은 무엇일까? 우선, 'success'라는 단어 자체의 어원을 더듬어 보자. 어원이 되는 라틴어 'successus'는 '뒤따라오다'라는 뜻으로 '계획대로 결과가 뒤따라오고, 그 결과가 지속적으로 이어진다는 의미를 내포한다. 'success'에 이러한 지속성이 반영되어 'successive(연속적인, 잇따른)'라는 단어로 파생·확장된다. 성공은 일회성으로 끝나는 반짝임이 아니라 계속 유지되는 상태임을 말해주는 것 같다.

To leave the world a bit better,
whether by a healthy child, a garden patch
Or a redeemed social condition;
To know even one life has breathed easier
because you have lived;
This is to have succeeded.

건강한 아이를 낳든 작은 정원을 가꾸든
사회적 조건을 개선하든
세상을 조금이라도 더 나은 곳으로 만들고 떠나는 것.
당신이 살아있음으로 인해 단 한 사람의 인생이라도
한결 더 쉽게 숨 쉴 수 있는 것.
이것이 진정한 성공이다.

어휘

garden path 정원   **redeem** 구하다, 만회하다   **social condition** 사회적 상황   **breath** 숨쉬다

Q. 나는 성공한 인생을 살고 있나요? 어떤 점에서 그런가요?

What is success?

_Bessie Anderson Stanley

To laugh often and much;

To win the respect of intelligent people and the affection of children;

To earn the appreciation of honest critics and endure the betrayal of false friends;

To appreciate beauty;

To find the best in others;

To leave the world a bit better, whether by a healthy child, a garden patch or a redeemed social condition;

To know even one life has breathed easier because you have lived;

This is to have succeeded.

배시 앤더슨 스탠리 Bessie Anderson Stanley

미국의 작가(1879~1952). 1900년대 초반 어느 잡지사의 '성공이란 무엇인가?'라는 글쓰기 공모전에 동 주제의 글을 제출하여 1등상을 받았다. 〈What is success?〉는 시가 아닌 산문으로 쓰였으며, 이후 시 형식으로 각색되어 에머슨이나 스티븐슨의 작품으로 오인된 채 100년 넘게 전 세계에 유통되었다.

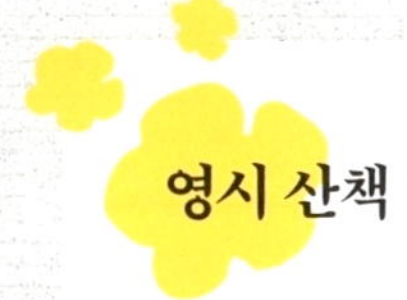

영시 〈What is success?(성공이란?)〉는 성공의 본질에 대해 답을 건네는 시이다. '진정한 성공은 무엇일까?'의 질문에 대해 각자가 가진 답은 다르다. 어린 시절, 치열하게 무언가를 손에 쥐는 것이 성공인 줄 알았다. 그것이 돈이든, 명예든, 지위든 현재 없는 것이 생기는 걸 'success'의 기본 개념이라 생각했다. 마음에 관념적으로 그려진 성공의 모양은 또렷했다. 세월의 붓질은 그 윤곽선을 점차 희미하게 지워냈다. 생각이 바뀌고, 시선도 바뀌었다. 꼭 쥔 것을 서서히 펼쳐내는 것에 의미가 더욱 실렸다.

시에서 자주 그리고 많이 웃는 것, 세상을 조금이라도 더 좋은 곳으로 만드는 것, 한 사람의 인생이라도 한결 더 쉽게 숨 쉴 수 있도록 돕는 것이 성공이라니, 거창하진 않지만 해볼 만하다. 교사로서 조금씩, 그리고 천천히 할 수 있지 않을까. 어느 평온한 날 학부모 님의 문자와 전화 한 통이 그랬다.

> "선생님, 1년 동안 너무 감사했어요. 제가 문자만 드리면 안 될 것 같아서 통화 부탁드렸어요. 목소리로 직접 말씀드리고 싶어서요. 선생님, 제가 정말 선생님께 따뜻한 밥을 지어서 직접 대접하고 싶어요."

모두에게는 아니더라도 누군가에겐 흡수되는 나의 정성, 그것이 한 아이의 인생에 밑거름이 되어준다면 그 '하나'를 위해 마음의 허탈감쯤은 퇴비로 묵혀 둘 수 있다. 모두가 아닌, 단 한 사람의 변화가 공동체와 사회 변화의 시작이기 때문이다. 내 아이를 위해서도 누군가는 그래 줄 것이라는 야심 찬 희망도 품는다. '하나'는 작다. 하지만 강하다. 나로 인해 한 아이가 행복해진다면 인생의 성공이라고 하니까. 오늘도 수신이 거부될 수 있는 사랑을 꿋꿋하게 포장하고 있는, 모든 대한민국 선생님들께 응원을 보낸다.

Loss and gain _Henry Wadsworth Longfellow

Day 47

When I compare
What I have lost with what I have gained,
What I have missed with what attained,
Little room do I find for pride.

지금까지 잃은 것과 얻은 것,
놓쳐버린 것과 이루어낸 것,
이를 비교해 보니
자랑할 만한 것이 거의 없네.

어휘

compare A with B A와 B를 비교하다   **gain** 얻다   **attain** 달성하다   **room** 여지

Q. 자랑할 만큼 얻은 것이 있다면 무엇인가요? 아쉽게 놓쳐버린 것은 무엇인가요?

Day 48

I am aware

How many days have been idly spent;

How like an arrow the good intent

Has fallen short or been turned aside.

나는 알고 있네

얼마나 많은 날들을 허비했는지를.

어떻게 화살과 같이 선한 의도가

과녁에 미치지 못 하거나 빗나갔음을.

어휘

aware 알고 있는   **idly** 게으르게   **arrow** 활   **good intent** 선의   **fall short** 부족하다, 모자라다

Q. 많은 날들을 허비한 경험이 있나요? 결과는 어떠했나요?

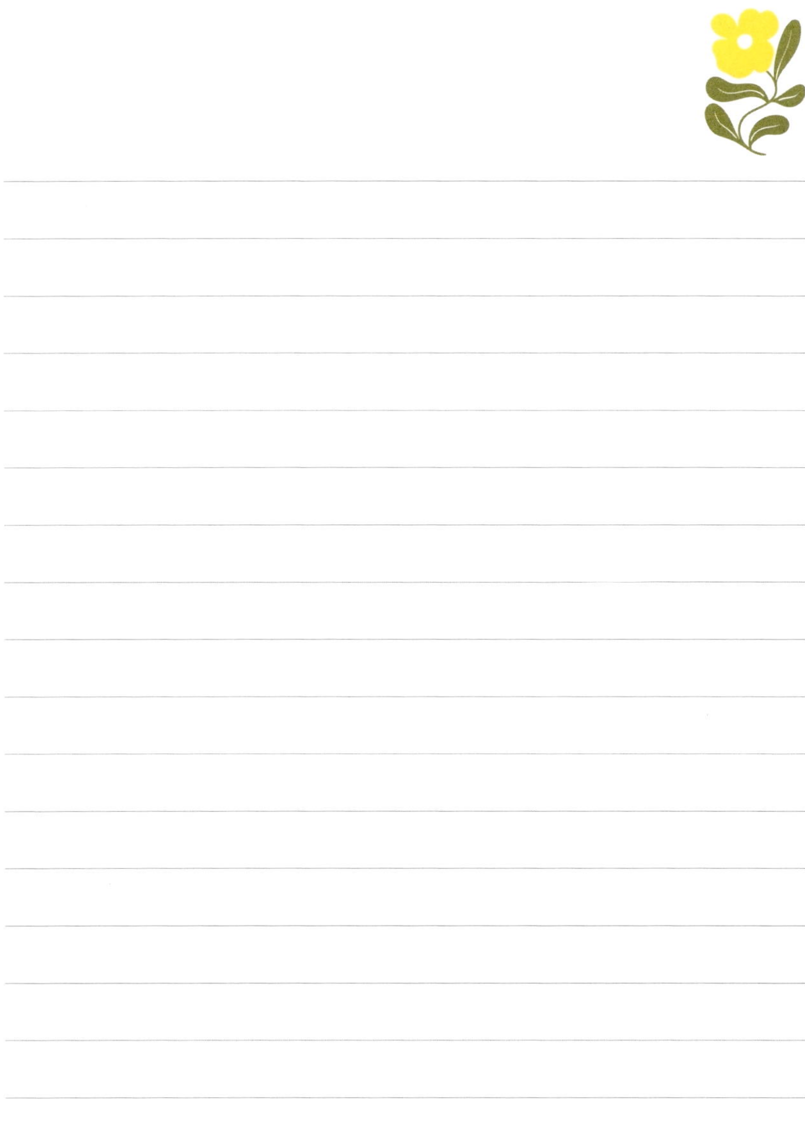

But who shall dare
To measure loss and gain in this wise?
Defeat may be victory in disguise;
The lowest ebb is the turn of the tide.

하지만 누가 감히
이런 식으로 잃은 것과 얻은 것을 판단할 수 있으랴?
실패는 승리의 다른 모습일 지도 모르고
물살을 바꾸는 것이 바로 가장 낮은 썰물일지도 모르는데.

어휘

dare to 감히 ~하다   **measure** 측정하다   **loss and gain** 득실   **in this wise** 이런 식으로
defeat 패배   **in disguise** 변장하다   **ebb** 썰물   **tide** 조류

Q. 뜻하지 않게 전화위복이 되었던 경험이 있나요?

Loss and gain

_Henry Wadsworth Longfellow

When I compare
What I have lost with what I have gained,
What I have missed with what attained,
Little room do I find for pride.

I am aware
How many days have been idly spent;
How like an arrow the good intent
Has fallen short or been turned aside.

But who shall dare
To measure loss and gain in this wise?
Defeat may be victory in disguise;
The lowest ebb is the turn of the tide.

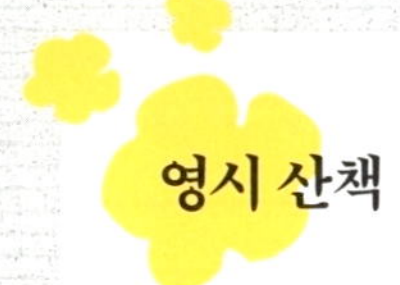

'인생만사 새옹지마(人生萬事 塞翁之馬)'를 떠올리게 하는 시다. 화살이 과녁을 빗나간 것이 꼭 나쁜 일이 아닐 수 있다. 잃은 것이 있으면 얻은 것도 있고, 실패가 다른 이름의 성공이 될 수도 있으니 끝까지 살아봐야 아는 것이 인생이다. 'Little room do I find for pride.'의 태도, 여기서 'room'은 물리적인 '방'이 아니라 '공간', '여지'를 뜻한다. '여지가 없음(little room)', 즉 부정을 강조한 만큼 생의 득실을 따져 보고 크게 웃거나 울 필요가 '절대' 없다. 당장 목표 달성이 좌절되거나 조금 늦어진 것이 영원한 실패는 아니기에.

누가 감히 떨어진 화살을 줍느라 보낸 수많은 날들을 헛되다고 하는가? 인생의 물살을 바꾸는 것은 썰물일 수도 있다. 끝까지 살아보기 전까지 누군가의 인생에 입을 대서는 안 된다. 늦었지만, 늦었기에, 늦더라도 얻는 것이 많다. 누구도 가능하지만 그렇다고 아무나 할 수 없는 늦깎이 인생, 그 위를 걷고 있는 사람들에게 격렬한 응원을 보탠다.

인생이란

Life _Charlotte Bronte

Day 50

Life, believe, is not a dream,
So dark as sages say;
Oft a little morning rain
Foretells a pleasant day:
Sometimes there are clouds of gloom,
But these are transient all;
If the shower will make the roses bloom,
Oh, why lament its fall?

인생이란 믿어보세요 꿈이 아니에요.
현자들의 말처럼 어둡기만 한 꿈은요.
종종 아침에 내린 비는
즐거운 하루를 예고하지요.
때론 어두운 구름도 끼지만
모두 금방 지나간답니다.
소나기가 와서 장미가 핀다면
소나기 내리는 것을 왜 슬퍼하나요?

Q. 지금 나의 인생은 소나기가 왔나요, 장미가 피었나요? 왜 그렇게 생각하나요?

어휘

sage 현자　**oft** = often　**foretell** 예견하다　**gloom** 우울감
transient 덧없는　**bloom** 꽃이 피다　**lament** 한탄

Day 51

Rapidly, merrily,
Life's sunny hours flit by,
Gratefully, cheerily,
Enjoy them as they fly!

빠르게 그리고 즐겁게
인생의 햇살 같은 순간은 스쳐 지나가요.
고마운 마음으로 기쁜 마음으로
흘러가는 대로 그 시간을 즐기세요!

어휘

flit by 휙 스치다(지나가다)   **merrily** 즐겁게   **gratefully** 감사하게   **cheerily** 기분 좋게

Q. 인생의 햇살 같은 순간은 언제였나요?

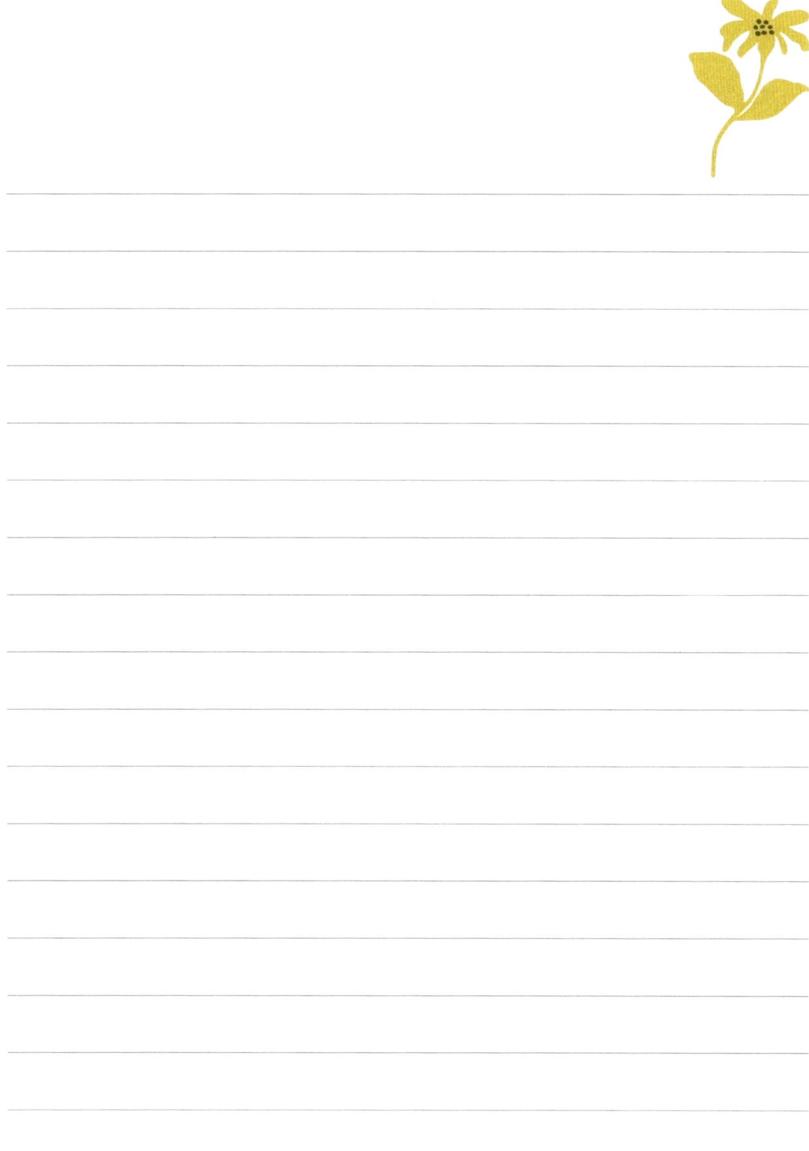

Manfully, fearlessly,
The day of trial bear,
For gloriously, victoriously,
Can courage quell despair!

씩씩하게 그리고 두려움 없이
힘든 날들을 견뎌내세요.
왜냐하면 영광스럽게, 그리고 찬란한 승리로
용기는 절망을 이겨낼 수 있으니까요!

어휘

manfully 대담하게 **fearlessly** 두려움 없이 **trial** 시련 **bear** 견디다 **gloriously** 영광스럽게
victoriously 승리를 거두어 **quell** 진압하다 **despair** 절망

Q. 결국, 승리하게 될 나의 인생에게 무슨 말을 해주고 싶나요?

Life

_Charlotte Bronte

Life, believe, is not a dream,
So dark as sages say;
Oft a little morning rain
Foretells a pleasant day.
Sometimes there are clouds of gloom,
But these are transient all;
If the shower will make the roses bloom,
Oh, why lament its fall?
Rapidly, merrily,
Life's sunny hours flit by,
Gratefully, cheerily,
Enjoy them as they fly!
What though Death at times steps in,
And calls our Best away?
What though sorrow seems to win,
O'er hope, a heavy sway?
Yet Hope again elastic springs,
Unconquered, though she fell;
Still buoyant are her golden wings,
Still strong to bear us well.
Manfully, fearlessly,
The day of trial bear,
For gloriously, victoriously,
Can courage quell despair!

What though Sorrow seems to win,
O'er hope a heavy sway?
Yet Hope, again elastic springs,

Sorrow(슬픔)와 Hope(희망)를 대비적으로 의인화하고 있다. 'what though'는
'비록 ~일지라도 무슨 상관이야'라는 뜻이다. 슬픔이 승리하는 것처럼 보이고, 희망 위로 드리운
강력한 영향(heavy sway)으로 휘청댈 수 있지만 희망은 다시 튀어 오르게(springs) 된다.
'elastic'은 희망의 특징을 나타내며 운율과 리듬을 맞추기 위한 시적 허용으로 동사 앞에 놓였다.

샬롯 브론테 Charlotte Brontë
영국의 작가(1816~1855). 영국 요크셔 지방의 손턴에서 태어나 하워스에서 자랐으며, 사립학교 교사와 가정교사로 일했다.
1847년 발표한《제인 에어》로 큰 성공을 거두었으며, 이 작품은 고딕 소설과 사회 소설의 요소를 결합한 걸작으로 평가받는다.

샬롯 브론테는 19세기 빅토리아 시대를 대표하는 영국의 소설가로《제인 에어》의 저자이다. 7남매 중 셋째였던 샬롯 브론테는《폭풍의 언덕》을 쓴 에밀리 브론테, 그리고 여동생 앤과 함께 브론테 자매로 알려져 있다. 세 자매의 문학적 재능은 공동 시집 출간으로 이어지기도 했다. 샬롯 브론테는 일찍이 어머니를 여의고 넉넉지 않은 가정형편 속에서 여성의 자아, 사랑과 도덕 사이의 갈등, 고통과 아름다움 등 내면의 정서를 다루는 작품을 많이 썼다.

그녀의 시 〈Life(인생)〉는 마음 깊숙한 곳에 있는 삶에 대한 긍정을 노래하고 있다. 안타깝게도 이 시가 발표된 이후, 9개월 동안 남동생과 두 여동생을 폐결핵으로 모두 잃었다고 한다. 시련과 충격을 예고하듯 담담하게 풀어낸 시의 철학은 가슴을 아릿하게 한다.

고난이 덮쳐 욱여쌈을 당할 때, 눈물과 자책, 불안과 불만의 감정이 휘몰아친다. 하지만 시인은 'rain', 'clouds', 'shower', 'death', 'sorrow', 'despair' 등 다양한 모양으로 인생을 흔드는 고통을 부정하지 않는다. 담담히 마주한다. '왜?'가 아닌 '어떻게?'를 집어든다. '왜'에 대한 답을 찾으며 감정을 허비하지 않고, '어떻게 할까?'를 고민하며 부정적인 정서를 수습하는 지혜다.

'This, too, shall pass away(이 또한 지나가리라).'라는 말처럼 모든 것은 금방 지나간다. 즉, 'transient'이다. 'trans-'는 '가로질러, 넘어'라는 접두어로써 영원히 머물지 않고 잠시 잠깐 머물다 지나가는 일시성의 의미를 내포한다. 골칫거리 문제도 끝이 있기 마련이다. 그 믿음에 기대어 견딜 힘, 용기를 얻는다. 쓰러진 나를 일으키는 의지는 용맹스럽고 과감한 행동만큼이나 용기를 필요로 한다.

희망의 금빛 날개는 여전히 우리를 강하게 떠받들고 있다. '때문에'를 '덕분에'로 바꾸면 어떨까. 비 때문에 도로는 질척일지라도 비 덕분에 촉촉한 땅으로 장미가 피어난다. 자녀 때문에 마음 상하는 일이 생길지라도 자녀 덕분에 부모로 한 단계 깊고 넓게 성장한다. 잃어버릴 수 있기에, 그 덕분에 있는 것에 감사할 수 있다. 햇살 같은 시절(sunny hours) 역시 스쳐 지나간다. 지금의 행복을 영광스럽게 감사함으로 즐겨야 할 이유다. 고마운 마음으로, 기쁜 마음으로 흘러가는 대로, 시인이 말하는 카르페 디엠(Carpe Diem: 현재를 잡아라, 오늘을 즐겨라)을 해야겠다.

Life's Mirror _Madeline Bridges

Day 53

There are loyal hearts, there are spirits brave,
There are souls that are pure and true;
Then give the world the best you have,
And the best will come back to you.

세상에는 변치 않는 마음과 굴하지 않는 정신이 있어요.
순수하고 진실한 영혼이 있지요.
그러니 당신이 가진 최상의 것을 세상에 내놓으세요.
그러면 최상의 것이 당신에게 돌아올 거예요.

어휘

loyal 충성스러운   spirit 정신, 기개   pure 순수한

Q. 나의 가진 최상의 것은 무엇인가요? 어떻게 세상에 기여하고 싶나요?

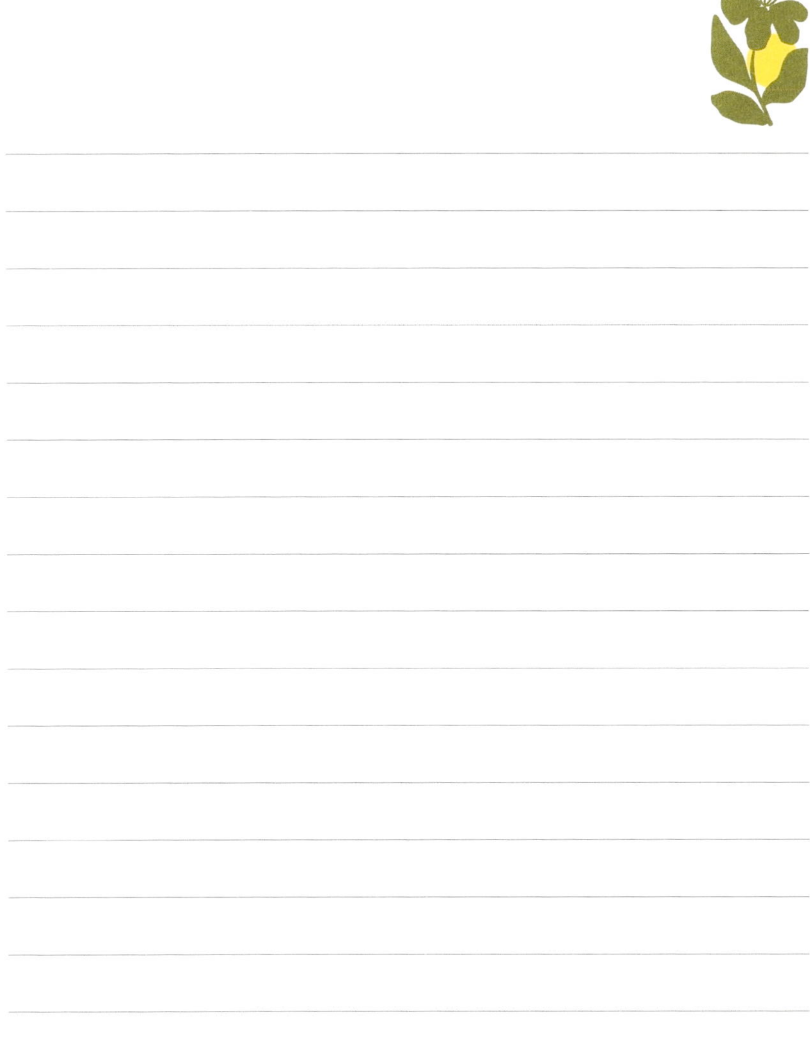

Give love, and love to your life will flow,
A strength in your utmost need;
Have faith, and a score of hearts will show
Their faith in your word and deed.

사랑을 주면 당신의 삶에 사랑이 흘러들어오고
가장 어려울 때 힘이 되어줄 거예요.
믿음을 가져요, 수많은 이들이
당신의 말과 행동을 믿게 될 거예요.

어휘

utmost 최고의　**in need** 힘든　**a score of** 수많은　**word and deed** 언행

Q. 사랑을 주고 있는 대상이 있나요? 어떻게 사랑이 다시 흘러들어오고 있나요?

Give truth, and your gift will be paid in kind,
And honor will honor meet;
And the smile that is sweet will surely find
A smile that is just as sweet.

진실을 주면 친절히 선물로 받게 될 거예요.
존경은 존경으로 되돌아오게 될 거예요.
달콤한 미소는 반드시
그에 못지 않는 달콤한 미소로 만나게 될 거예요.

어휘

honor 명예, 존경

Q. 존경과 친절을 베푸는 대상이 있나요? 어떻게 되돌아오고 있나요?

Life's Mirror

_Madeline Bridges

There are loyal hearts, there are spirits brave,
There are souls that are pure and true;
Then give the world the best you have,
And the best will come back to you.

Give love, and love to your life will flow,
A strength in your utmost need;
Have faith, and a score of hearts will show
Their faith in your word and deed.

Give truth, and your gift will be paid in kind,
And honor will honor meet;
And the smile that is sweet will surely find
A smile that is just as sweet.

Give pity and sorrow to those who mourn,
You will gather in flowers again
The scattered seeds from your thought outborne
Though the sowing seemed but vain.

For life is the mirror of king and slave,
'Tis just what we are and do;
Then give to the world the best you have,
And the best will come back to you.

You will gather in flowers again.
That scattered seeds from your thought outborne
the sowing seemed but vain.

'outborne'은 '마음속 밖으로 흘러나온'이라는 의미다. 꽃은 씨앗을 통해 피어난다. 흩뿌려진 생각의 씨가 부정할 수 없는 증거로 꽃의 존재를 드러낸다. 씨앗을 뿌릴 때는 헛된 수고가 아닐까 걱정도 되지만 꽃의 분명한 실재를 믿으며 최선을 다할 수 있는 힘이기도 하다.

매들린 브리지스 Madeline Bridges

미국의 작가(1844~1920). 뉴욕 브루클린에서 태어나 시인이자 동화작가로 활동했으며, 특히 아동문학 분야에서 두각을 나타냈다. 여성의 감성을 섬세하게 표현한 서정적 작품들로 당시 독자들의 호응을 받았다.

매들린 브리지스는 19세기 말에서 20세기 초까지 활동한 미국 시인이다. 부드럽고 서정적인 시어로 윤리적인 교훈을 담은 시를 썼다. 진실과 최선의 태도를 강조한 이 시는 4행으로 구성된 연이 총 다섯 개로 이루어져 있다. 각 연의 시행 끝 단어가 다음과 같이 'ABAB'의 규칙적인 운율과 리듬을 갖추고 있는 고전적 형식미를 따른다.

brave-true-have-you (ABAB)

flow-need-show-deed (ABAB)

kind-meet-find-sweet (ABAB)

mourn-again-outborne-vain (ABAB)

slave-do-have-you (ABAB)

시 전반에 인생 주머니에 담아야 하는 요체들이 열거된다. loyal hearts(진심), spirits brave(용기), pure souls(순수), love(사랑), faith(믿음), truth(진실), honor(존경), smile(미소). 시인은 세상이 우리를 비추는 거울이라고 한다. 손에 쥔 만큼이 우리가 세상에 내어준 몫, 언행의 결과이다. 누구든 최상의 것을 내어놓으면 최상의 것을 받는다.

시인이 노래하는 'life is the mirror of just what we are and do'를 음미해 본다. 인생은 우리의 존재와 행위를 비추는 거울, 즉 투입에 따른 산출이다. 물론, 딱 떨어지는 일대일 대응은 아닐 수 있지만 생각하는 것들이 말로 튀어나오고, 말하는 것이 행동으로 드러난다. 정도의 차이는 있을지 몰라도 사랑을 주는 사람의 인생에 사랑이 흘러간다. 믿음을 건네주면 신뢰를 받고, 진실은 친절을, 존경은 존경을, 미소는 반드시 그만큼 달콤한 미소를 선물로 받게 된다. 주는 대로 돌아오는 지극히 공평한 공식이다.

"어떻게 애 키우고 일하면서 책까지 써?"

책을 출간할 때마다 신기한 듯 보이는 주변의 반응이다. 뭔가 대단한 업적을 이룬 듯 놀라는 부담 어린 시선에 어떤 답을 해야 할까. 특별한 것 없이 글 쓰는 시간을 늘려갔을 뿐인데. 평범한 일상의 틈에서 어떤 이는 운동을 하고, 어떤 이는 책을 읽고, 어떤 이는 음악을 듣거나 영화를 보고, 어떤 이는 주식에 투자하고, 어떤 이는 부동산을 보러 다닌다. 운동하다 보면 건강을 잡게 되고, 책과 문화를 즐기다 보면 지적 예술적 식견이 높아지며, 주식이나 부동산에 투자하면 돈을 벌게 된다. 남들이 가진 땅, 부동산, 돈은 없다. 대신 출간되는 책이 책장을 채운다. 글을 쓰다 보니 책이 나오는 것은 전혀 특별할 것도 대단할 것도 없는, 자연스러운 결과인 듯하다. 각자가 다르게 소비하는 시간 속에 따라오는 결실도 달라진다.

인생의 가치나 목표를 이루고 싶다면 당장 그것을 실행하면 된다. 그냥이 아니라 '최선'으로 하다 보면 결실이 맺힌다. 세상에 최선의 것을 내놓을 때 최선의 것으로 돌려받게 된다고 했으니까. 최선을 다할 때 최소한 나에게는 당당할 수 있다.

Answer* _Gertrude Stein

Day 56

There ain't no answer.
There ain't going to be any answer.
There never has been an answer.
That's the answer.

정답은 없다.
앞으로도 없을 것이다.
지금까지도 없었다.
그것이 유일한 정답이다.

어휘

ain't am not, are not, is not의 축약형

Q. 인생에 답을 찾고 있나요? 답은 무엇이라고 생각하나요?

* 거트루트 스타인의 명언(quote)

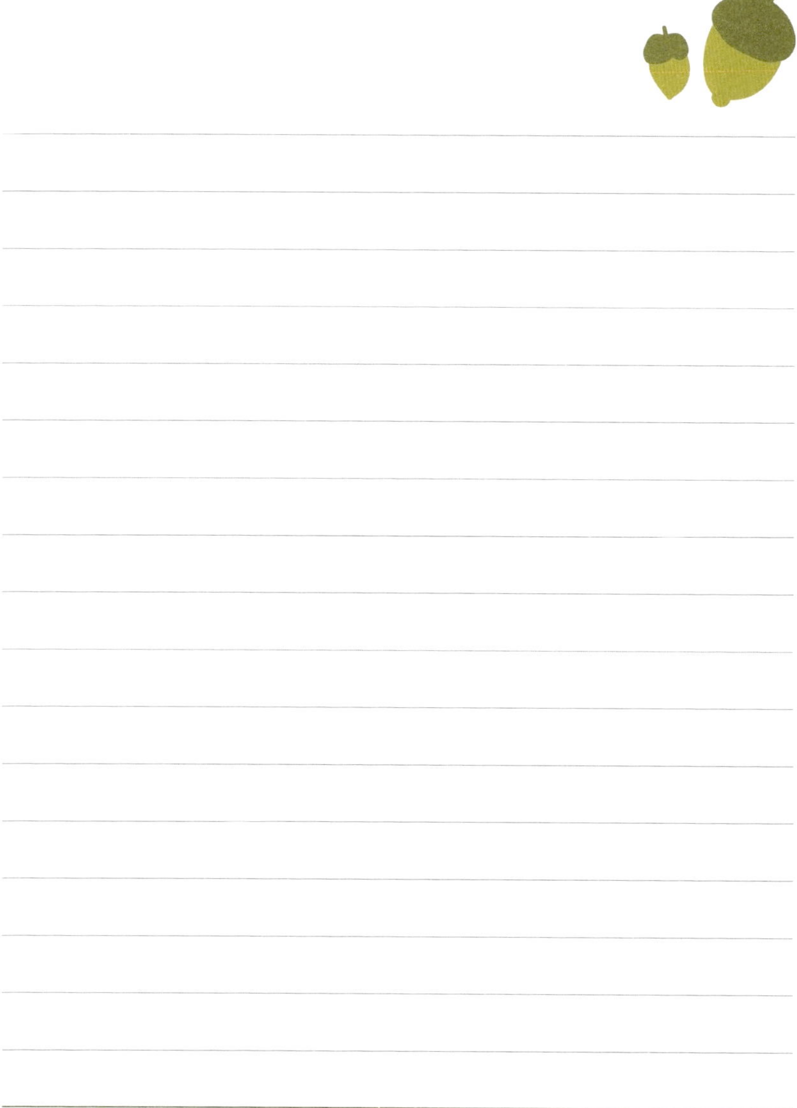

Answer

_ Gertrude Stein

There ain't no answer.

There ain't going to be any answer.

There never has been an answer.

That's the answer.

거트루드 스타인 Gertrude Stein

미국의 작가(1874~1946). 펜실베이니아주 앨러게니에서 태어나 래드클리프 대학에서 수학한 후 1903년 파리로 이주하여 평생을 보냈다. 파리에서 문학 살롱을 열어 피카소, 마티스, 헤밍웨이 등 예술가들과 교류했으며, 실험적 문학 작품들을 발표했다.

거트루드 스타인은 20세기 초 아방가르드 문학과 예술의 선구자와 같은 미국 시인이다. 소설가 어니스트 헤밍웨이와 스콧 피츠제럴드, 화가 피카소 등과 교류하며 문화계에 큰 영향을 끼쳤다. 전통적인 형식을 벗어나 단어의 리듬, 감각을 중심으로 언어유희를 시도했다. 그녀의 글 〈Answer(정답)〉 역시 소리와 언어 구조의 반복을 실험하고 있으며 제목 자체가 주는 아이러니를 강하게 드러내고 있다. '정답'을 제목으로 쓴 글이 정작 '정답'을 주지 않는 혼란과 역설의 효과가 강렬하다.

언제부턴가 노년으로 접어든 친정엄마가 입버릇처럼 건네는 말이 있다. 인생을 먼저 살아본 선배로서 하는 진심 어린 충고이다.

> "딸, 살아보니 인생에 정답은 없는 것 같아. 너무 힘들게 고민하지 말고
> 쉽게 살아."

완벽한 답을 찾는 것에 익숙한 우리는 공식도 없는 인생길에서 정답을 찾아 헤맨다. 남에게 인생 조언을 구하기도 한다. 혹은, 다른 이의 인생에 섣불리 조언하거나 판단의 잣대를 댄다. 경험은 지극히 사적인 영역이라 타인의 것과 절대 합동이 아닌데도 말이다. 개인적인 충고가 어느 끝에 닿을지 알 수도 없다. 경험이 없어서가 아니라 정답이 없어서다. 비슷해 보여도 다른 것이 인생이다. 완전한 정답을 찾거나 치기 어린 선심으로 길을 강요해서는 안 된 일이다.

포용

Outwitted _Edwin Markham

Day 57 ____

He drew a circle that shut me out—
Heretic, rebel, a thing to flout.
But Love and I had wit to win:
We drew a circle that took him in!

그는 원을 그려 밖으로 나를 밀어냈다.
이단자, 반항자, 무시할 존재로 여겼다.
하지만 내겐 사랑과 그걸 이겨낼 지혜가 있었다.
더 큰 원을 그려 그를 원 안으로 데리고 들어왔다!

어휘

heretic 이단자   **rebel** 반역자   **flout** 어기다, 무시하다   **wit** 재치, 지혜   **take in** 받아들이다

Q. 나를 밀어낸 사람을 포용한 경험이 있나요? 결과가 어땠나요?

Level Up English

'heretic'은 본래 '이교도'란 뜻에서 출발한다. 종교적으로 기존의 체계와 신념에 반기를 든 사람, 즉 이단자를 가리킨다. 설정한 기준에서 정반대의 대척점이다. 신기하게도 어원이 되는 그리스어 'hairetikos'는 '선택하다'라는 뜻이다. '정통에서 벗어나 자기 뜻을 선택하는 사람'이라는 의미로 연결된다. 정통 방식에 반기를 드는 혁신적인 사람, 혹은 통념을 거부하는 사람이라는 긍정의 뉘앙스로 확장되기도 한다. 스티브 잡스가 한때 IT업계의 이단자로 불렸던 것을 떠올리면 이해하기 쉽다.

Outwitted

_Edwin Markham

He drew a circle that shut me out—
Heretic, rebel, a thing to flout.
But Love and I had the wit to win:
We drew a circle that took him in!

에드윈 마컴 Edwin Markham

미국의 시인(1852~1940). 오리건주에서 태어나 캘리포니아에서 교육받고 교사로 일했으며, 후에 뉴욕으로 이주하여 문학 활동에 전념했다. 노동자와 서민의 삶을 다룬 사회비판적 시를 주로 썼으며, 인간의 존엄성과 사회정의를 강조하는 작품으로 당시 큰 반향을 일으켰다.

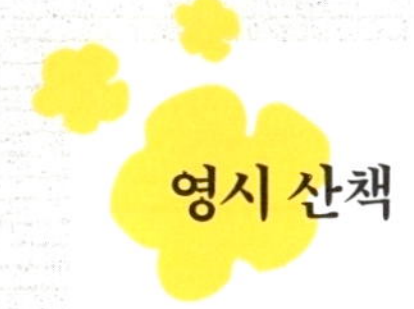

인도주의, 사회 정의에 관심이 많았던 미국 시인 에드윈 마컴의 짧고 간결한 4행시(Quatrain)이다. 운율 역시 'out‒flout‒win‒in'으로 AABB의 고전적 형식을 따른다. 짧지만 강렬한 메시지가 인상적이다. 나를 몰아내는 사람들에게 더 큰 원을 그려 감싸는 대인배 정신이라니.

개인적으로 상대가 나를 밀어내면 굳이 끼어달라는 수고를 감내하지 않는다. 이미 그렇게 마음을 정한 그의 결정과 마음은 쉽게 바뀌지 않아서다. 피차 에너지 소모를 줄이는 게 낫다. 쏟아내는 악담을 받아내는 것도 지치는 일이고. 누군가가 나에게 못되게 굴면 '저런 행동은 내가 아닌, 그 사람만의 이유가 있다'는 배포를 부려본다. 동시에, 누구든 어떤 상황에서는 나쁜 사람이 될 수 있다는 불편한 진실을 받아들인다.

놀랍게도 시의 화자는 '눈에는 눈, 이에는 이'의 법칙을 거스른다. 배제를 배제로, 경멸을 경멸로 보복하지 않는다. 미움을 접고 큰 원을 그려 사랑과 지혜로 상대를 품는다. 상대에게 가장 큰 복수는 복수하지 않고 용서하는 것이라는 말처럼. 맞서지 않음은 무력이 아니라 단호한 저항이다. 일차원적인 맞대응은 쉬운 반응이나, 거센 감정의 소용돌이라는 대가를 치른다. 반면, 포용과 용서는 품 넓고 어려운 결단처럼 보인다. 하지만 깔끔한 감정 정리라는 빠른 정산이 뒤따른다. 거창한 이타주의가 아니다. 자신이 편하기 위한 이기적 전략일 수 있다. 이것을 지혜라 부른다. 전반에서 끝내느냐 후반까지 질질 끌고 가느냐의 선택은 개인의 몫이다. '어떤 것이 나를 덜 괴롭힐까?'를 놓고 지혜로운 선택을 해야겠다.

삶의 의미

Not in vain _Emily Dickinson

Day 58

If I can stop one heart from breaking,

I shall not live in vain;

If I can ease one life the aching,

Or cool one pain,

Or help one fainting robin

Unto his nest again,

I shall not live in vain.

만일 단 한 사람의 무너지는 마음을 막을 수 있다면

내 삶은 헛되지 않을 텐데.

만일 단 한 인생의 아픔을 다독일 수 있다면

혹은 고통 하나를 가라앉힐 수 있다면

혹은 탈진한 울새 한 마리를 그 둥지로 되돌려 줄 수 있다면

내 삶은 헛되지 않을 텐데.

어휘

in vain 헛된   **ease** 완화하다   **aching** 아픔   **cool** 식히다   **faint** 쓰러지다
robin 울새   **unto** 전치사 to(고어)

Q. 타인에게 베푼 호의로 삶의 의미를 느낀 적이 있나요?

If I can ease one life the aching

이 문장에서 시적 허용(poetic license)이 보인다. 의도적으로 비표준적인 어구를 사용하여 리듬, 상징을 살리는 기법이다. 어법상 'ease the aching of one life' 혹은 'ease the aching in one life'로 써야 옳은 문장이다. 앞뒤의 one heart, one pain, one robin과 대구적으로 운율을 맞추기 위한 시인의 의도가 반영된다. 단 하나에 정성을 쏟는 것의 중요성에 대한 메시지도 대구를 통해 강화된다.

Not in vain

_Emily Dickinson

If I can stop one heart from breaking,

I shall not live in vain;

If I can ease one life the aching,

Or cool one pain,

Or help one fainting robin

Unto his nest again,

I shall not live in vain.

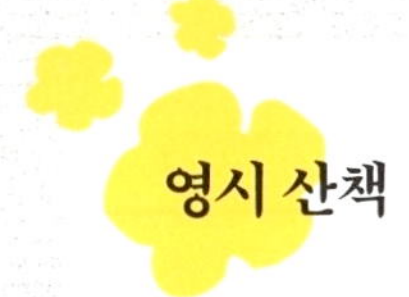

누구든 자신의 삶이 유의미하길 바란다. 인생은 '의미'를 찾는 길이기에. 그래서 생의 수식어가 'in vain(헛된, 무의미한)'일 때 허무주의와 우울증에 빠져든다. 안타깝게도 요즘 젊은이들이 흔히 겪는 증상이다.

젊음의 니힐리즘(허무주의)은 가장 큰 원인이 타인과의 접점 감소라고 한다. 행복지수는 누군가에게 도움이 될 때 상승한다고 하니 사회적 관계의 고갈은 큰 문제가 아닐 수 없다.

다른 이를 바라봐 주는 마음 씀이 곧 나를 지키는 일이다. 많을 필요도 없다. 딱 한 사람이면 족하다. 단 한 사람의 마음(one heart), 단 하나의 생(one life), 단 하나의 고통(one pain), 단 한 마리의 울새(one robin)가 삶을 지탱해 준다고 시인은 말한다. 무심코의 언행이 삶의 의미를 만들어 주는 것이다. 우리는 간혹 가까운 사람들에게 '사랑하기 때문에'라는 변명으로 무심코 상처가 되는 말을 던지기도 한다. 그 사람의 마음을 돌아보는 게 먼저인데, 마음 깊숙이 알면서도 행동은 그와 다르게 한다. 지금이라도 늦지 않다. 이를 인지하고 소중한 딱 한사람에게 오늘 하루 다정한 말을 건넨다면 그것으로 내 삶은 헛되지 않을 것이다.

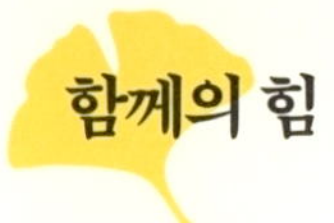

No man is an island _John Donne

Day 59

No man is an island, entire of itself;
Every man is a piece of the continent, a part of the main.
If a clod be washed away by the sea,
Europe is the less, as well as if a promontory were:

누구든 섬이 아니다. 그 자체로서 온전하지 않다.
모든 인간은 대륙의 한 조각이며 전체의 일부이다.
만일 흙덩이가 바닷물에 씻겨 내려가면
유럽의 땅은 그만큼 작아지며 만일 곶이 그리 되어도 마찬가지이다.

어휘

entire 전체의   continent 대륙   clod 흙덩어리
wash away ~을 쓸어가다   promontory 곶(바다로 튀어 나온 지형)

Q. 혼자라고 느낀 때가 있나요? 혼자가 아니라고 위로받은 경험이 있나요?

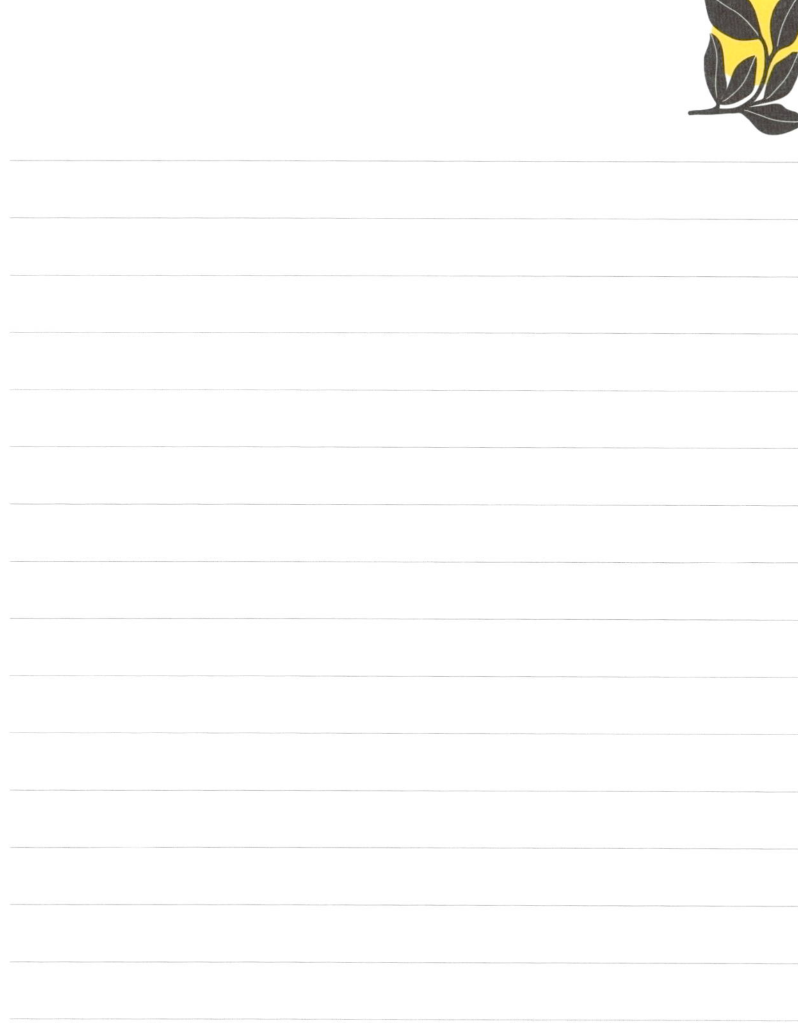

Any man's death diminishes me,
Because I am involved in mankind.
And therefore never send to know for whom the bell tolls;
It tolls for thee.

어느 누구의 죽음도 나를 줄어들게 한다.
왜냐하면 나는 인류에 속한 존재이기 때문이다.
그러니 누구를 위하여 종이 울리는지를 알고자 사람을 보내지 말라.
종은 그대를 위해서 울리는 것이니.

어휘

diminish ~을 감소시키다　**be involved in** ~에 속하다　**mankind** 인류
toll 종을 울리다　**thee** 너를(you의 고어)

Q. '종을 울린다'는 어떤 의미인가요? 나는 특히 누구와 연결되어 있나요?

No man is an island(일부)*

_ John Donne

No man is an island, entire of itself;

Every man is a piece of the continent, a part of the main.

If a clod be washed away by the sea,

Europe is the less, as well as if a promontory were:

As well as if a manor of thy friend's or of thine own were.

Any man's death diminishes me,

Because I am involved in mankind.

And therefore never send to know for whom the bell tolls;

It tolls for thee.

존 던 John Donne

영국의 작가(1572~1631). 런던에서 가톨릭 가정에 태어났으나 후에 영국국교회로 개종하여 성 바울 대성당의 수석 사제가 되었다. 종교적 열정과 관능적 사랑을 절묘하게 결합시킨 시풍과 기지에 찬 은유법으로 17세기 영문학에 큰 영향을 미쳤다.

* 존 던의 산문 《Devotions upon Emergent Occasions》(1624) 중에서
  "Meditation XVII"의 내용을 시 형태로 각색한 텍스트

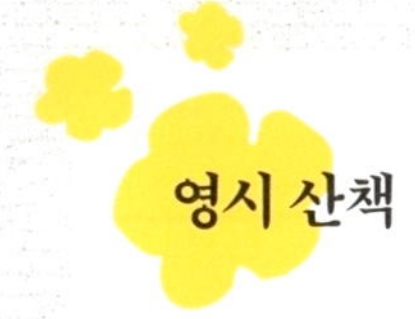

존 던은 17세기 형이상학적 위트를 특징으로 한 형이상학파 시인으로 불린다. 형이상학적 위트란, 조화로운 부조화, 즉 전혀 어울리지 않는 두 개의 이미지를 하나로 통합하는 기법을 말한다. 두 여인의 관계를 컴퍼스에 비유한 존 던의 〈A valediction: Forbigging Mourning(고별사)〉이 대표적인 예이다. 독실한 가톨릭 집안의 장남으로 태어난 존 던은 40세에 목사가 된다. 이 시점을 기준으로 이전에는 세속시를, 이후에는 종교시를 썼다. 〈No man is an island (나 홀로 섬인 사람은 없다)〉는 성직자의 삶을 살게 되고 난 이후의 작품이다. 죽을 뻔했던 병치레를 한 이후, 깨달음을 명상록에 담은 일부라고 한다.

시의 마지막 구절, 'And therefore never send to know for whom the bell tolls; It tolls for thee'는 헤밍웨이에게 영감을 주어 '누구를 위해 종을 울리나 (For whom the bell toll)'라는 명작을 탄생케 했다. 여기서 '종(bell)'은 장례를 알리는 조종을 일컫는다. 사람은 혼자가 아니며, 모든 존재는 전체에 속한다는 인류 공동체 정신을 강조한 시이다. 홀로 섬이 아닌 '같이'의 가치는 삶에 큰 위로가 된다.

If all the skies _Henry Van Dyke

Day 61

If all the skies were sunshine,
Our faces would be fain
To feel once more upon them
The cooling splash of rain.

하늘이 온통 햇살뿐이라면
우리의 얼굴은 간절히
다시 한 번 더 원할 거예요. 차가운 빗줄기를 느끼기를요.

sunshine 햇빛   **would be fain to V**(동사) 기꺼이 ~하려고 하다   **splash** 끼얹다, 튀기다

Q. 행복해서 슬펐던 기억이 있나요? 슬퍼서 더욱 행복이 그리웠던 적이 있나요?

If all the world were music,
Our hearts would often long
For one sweet strain of silence,
To break the endless song.

세상이 온통 음악뿐이라면
우리의 마음은 자주
달콤한 한 줄의 침묵이라는 시간을 바랄 거예요.
끝없는 노랫소리를 멈추기 위해서 말이죠.

어휘

strain 한 줄기 **silence** 침묵 **endless** 끝없는

Q. 고독과 침묵이 필요할 때가 있었나요? 어떤 도움이 되었나요?

If life were always merry,
Our souls would seek relief,
And rest from weary laughter
In the quiet arms of grief.

인생이 항상 즐겁기만 하다면
우리의 영혼은 안식을 찾을 거예요.
지친 웃음에서 벗어나
슬픔의 잔잔한 품속에서 쉼을 원하는 것이지요.

 **어휘**

relief 안심   weary 지친   laughter 웃음   grief 슬픔

Q. 영혼의 안식을 얻는 방법이 있나요? 인생에서 슬픔의 의미는 무엇일까요?

If all the skies

_Henry Van Dyke

If all the skies were sunshine,
Our faces would be fain
To feel once more upon them
The cooling splash of rain.

If all the world were music,
Our hearts would often long
For one sweet strain of silence,
To break the endless song.

If life were always merry,
Our souls would seek relief,
And rest from weary laughter
In the quiet arms of grief.

헨리 반 다이크 Henry Van Dyke

미국의 작가(1852~1933). 펜실베이니아주 저먼타운에서 태어나 프린스턴 대학교에서 영문학 교수로 재직했으며, 장로교 목사
이자 외교관으로도 활동했다. 종교적 신념과 인도주의적 가치관을 바탕으로 한 따뜻하고 감동적인 작품들로 유명하다.

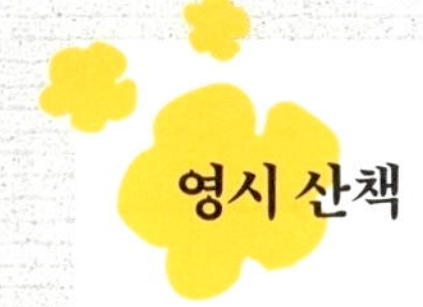

헨리 반 다이크는 시인이자 성직자로 미국 사회에 큰 영향을 끼쳤다. 자연의 미, 내면의 평화, 삶의 의미 등을 주제로 간결한 문체의 시와 에세이를 남겼다. 작사가로서도 활동을 했다. 그의 손끝에서 탄생한 대표적 찬송가로 〈Joyful, joyful, we adore thee(기뻐하며 경배하세)〉를 꼽을 수 있다. 반 다이크가 베토벤의 교향곡 9번, 환희의 송가에 가사를 입힌 대표적인 곡이며 지금까지도 전 세계인에게 사랑받고 있다.

〈If all the skies(하늘이 온통 햇살 뿐이라면)〉 시의 첫 행은 '만일'의 가정으로 출발한다. 이어서 햇살, 음악, 즐거움을 '가정법' 안에 담는다. 양 끝단의 어느 하나만 삶에 주어진다면 어떤 일이 벌어질까? 이에 대한 답을 찾기 위해 'be 동사'의 과거형 'were'을 사용하여(가정법) 만약의 상황을 머릿속에 굴린다.

햇살, 음악, 즐거움은 듣기만 해도 활력이 넘치는 요소들이다. 쨍쨍함이 계속되면 좋으련만 하늘에 찬란한 빛만 있는 것은 아니다. 언제나 아름다운 선율에 둘러싸여 있으면 좋겠지만 세상엔 음악 소리만 울리지 않는다. 일상이 즐겁기만 하면 좋을 텐데 그렇지도 않다. 생의 그림자 같은 빗줄기, 한줄기의 침묵, 슬픔의 쉼이 언젠가 찾아온다. 아이러니하게도, 이들은 없어서는 안 될 삶의 균형추이다.

지나침과 모자람, 많고 적음의 사이에서 어느 쪽으로도 치우치지 않는 용기를 중용이라고 한다. 아리스토텔레스가 말했다. 무게 중심을 유지하는 중용이 바로 행복의 비결이라고. 행복은 이럴 수도 저럴 수도 있는 허용이자 용인이다. 과하지도 부족하지도 않은 수평 상태의 잔잔함이랄까. 과함을 떼어 내고 결핍을 메꾸는 유도리이기도 하다. '만일'을 가정하며 균형적인 행복을 위해 마음을 단도리 쳐야겠다.

I had no time to hate _Emily Dickinson

Day 64

I had no time to Hate—
And Life was not so ample I could finish—Enmity

미워할 시간이 없네.
삶이 그리 길지 않아서 미워하는 마음을 끝낼 수 없을 테니까.

 어휘

ample 충분한   enmity 원한, 증오

Q. 사랑하는 사람에게 어떤 수고를 해주고 싶나요?

Nor had I time to Love—
The little Toil of Love—
I thought was large enough for Me.

사랑할 시간도 없네.
작은 사랑의 수고라도
내 생각엔 충분히 나에게 큰일이네.

어휘

toil 노역

Q. 혹시, 미운 사람이 있다면 어떻게 하고 싶나요?

'Nor had I time to Love'은 부정어구 도치를 품은 문장이다. 'Nor(=and~not)'가 부정어를
포함한 접속사이기에 문장 앞에 위치할 때는 주어와 동사의 어순을 바꾼다. 그래서 'nor I had'가
아닌 'nor had I'의 형태로 미워할 시간이 없듯이 '사랑할 시간도 없다'는 의미를 만든다.

I had no time to hate

_Emily Dickinson

I had no time to Hate—
Because
The Grave would hinder Me—
And Life was not so
Ample I
Could finish—Enmity

Nor had I time to Love—
But since
Some Industry must be—
The little Toil of Love—
I thought
Was large enough for Me.

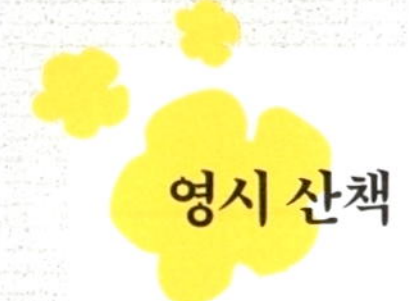

에밀리 디킨슨은 고립된 삶을 살아가면서 끊임없이 죽음을 탐색하였다. 그녀에게 죽음은 두려움의 대상이 아닌 삶의 태도를 정비하는 기준점이었다.

'The Grave would hinder me.'에서 'grave(무덤)'는 죽음을 상징한다. 유한한 인생을 살아가는 우리에게 미워할 시간이 없다. 미움을 완료하지도 못한 채, 생은 끝나버릴 테니까. 문제는 사랑할 시간도 충분하지 않다는 거다. 그래서 시인은 작은 사랑의 수고를 택하기로 결심한다.

시인이 사랑의 수고라는 표현으로 쓴 단어는 'toil'이다. 원래 이 단어는 고된 일, 주로 힘든 육체적 피곤을 동반하는 노동을 함의한다. 기꺼이 고생을 감수하며 사랑을 하는 것, 결코 작거나 가볍지 않다. 충분히 크다. 미워하는 에너지 투여보다 그 끝은 달다. 백범 김구 선생님이 다음과 같이 말했다.

> "지옥을 만드는 방법은 간단하다. 가까이 있는 사람을 미워하면 된다.
> 천국을 만드는 방법도 간단하다. 가까이 있는 사람을 사랑하면 된다."

미워하는 마음을 접는 결단은 길지 않은 생을 지옥이 아닌 천국으로 수놓는 비결이다. 조밀한 관계의 망에서 벗어나 있었던 은둔 시인의 깨달음이다. 만남의 일상을 살아가는 우리에겐 더욱 필요한 방향이 아닐까. 미움도 사랑도 모두 마음의 수고다. 작든 크든 마음 씀에 온도까지 실린다. 마음의 온도는 인생의 온도로, 인생의 온도는 다시 마음의 온도로 순환된다. 이왕 쓰는 마음이라면 천국행이 좋을 법하다. 그래도, 감정의 잉여는 자제하련다. 소진되지 않되 무심함은 버리고 싶다. 뜨겁지는 않아도 너무 차가워지지 않길 바란다.

겨울에 어울리는 추천 음악
① 팻 매스니 & 찰리 해이든의 앨범 《Beyond the Missouri Ski》 中 〈Spiritual〉
② 브래드 맬다우의 앨범 《Songs》 中 〈Exit music〉
③ 크리스 포티 〈My funny valentine〉

Winter

인생의 겨울

견뎌내는 시간, 겨울입니다.

쉼표일 수도, 마침표일 수도 있는 멈춤의 계절이지요.

지구의 북반구에 살고 있기에 '겨울' 하면 하얀 눈이 연상됩니다.

땅 위로 함박눈이 두텁게 쌓이면 세상은 수북한 눈 이불 아래 모습을 감춥니다.

새하얀 눈이 지면의 모든 요철과 높낮이를 평평하게 덮어버리지요.

아무도 밟지 않고 하얗게 정돈된 눈의 세상은 인생을 닮아 있는 것 같아요.

죽음, 이별, 실패, 깨어진 관계 등의 애달픈 숨죽임이 가리워져 있는 느낌이랄까요.

누구나 똑같이 겪을 수 있는 겨울의 시간을 겸허와 겸손이 가만히 덮고 있는 듯합니다.

잘 견디도록 감싸 안고 있다가 무언가를 다시 태동시키는

인큐베이팅의 시간이기도 합니다.

추운 겨울을 살아내는 '윈터링(wintering)'이란 봄맞이를 위한 비축의 시간일 테지요.

한 단계 성장해 가는 나를 잉태하기 위해서는 멈춰서 잘 쉬어야 합니다.

온전한 재충전의 시간을 보내야 다시 잘 시작할 수 있으니까요.

봄맞이를 위한 잠시 잠깐의 휴지기 동안 내공을 다져보는 건 어떨까요?

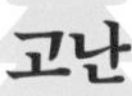

고난

What though life conspire to cheat you _Alexander Pushkin

Day 66

What though life conspire to cheat you,

Do not sorrow or complain.

Lie still on the day of pain,

And the day of joy will greet you.

삶이 그대를 속일지라도

슬퍼하거나 불평하지 말라.

고통의 날을 참고 견디면

기쁨의 날이 오고야 말리니.

어휘

through 비록 ~일지라도   **conspire** 공모하다   **cheat** 속이다   **sorrow** 슬퍼하다   **still** 고요한

Q. 기대하고 있는 순간들이 있나요?

Level Up English

1. 'what though'는 도저히 이해되지 않는 상황에 대해 반문하며 '그래도 뭐 어쩌겠어'라는 뉘앙스를 갖는다. 'conspire'는 '공모하다'는 뜻인데 살짝 어감이 와닿지 않는다. 비슷한 문맥으로 사용되고 있는 에머슨의 명언을 살펴보자.

'Once you make a decision, the universe conspires to make it happen'
(당신이 무언가를 결정한다면 온 우주가 그것을 이루도록 도와준다)

모든 에너지가 한데 모여 집중되는 상황을 묘사하고 있다. 마찬가지로 이 시에서, 힘든 삶의 파편들이 여기저기에서 나를 향해 날아드는 처절한 상태를 말하지 않을까 싶다.

2. 'Lie still on the day of pain'은 고통의 시간을 가만히 견디는 것을 의미한다. 여기에 사용된 단어 'still'은 'without moving' 즉, 흔들림만 없는 것이 아니라 움직임도 없는 '부동'을 뜻한다. 'still water(증류수)'는 탄산수의 거품이 없고 눈에 보이는 물결의 흐름이 없는 물이라는 뜻이 담긴다. 'still cut'이 영화나 드라마 제작 과정에서 정지된 화면을 촬영한 기록을 의미하는 것과 같은 맥락이다.

Hearts live in the coming day.
There's an end to passing sorrow.
Suddenly all flies away,
And delight returns tomorrow.

마음은 미래에 살고
슬픔은 끝이 있기 마련이니.
모든 것은 순식간에 지나가고
내일은 기쁨을 맞이하게 되리라.

어휘

end to ~의 끝   **delight** 기쁨, 환희   **return** 돌아오다

Q. 삶이 나를 속였다고 생각한 적이 있나요? 왜 그런가요?

What though life conspire to cheat you

_Alexander Pushkin

What though life conspire to cheat you,
Do not sorrow or complain.
Lie still on the day of pain,

And the day of joy will greet you.
Hearts live in the coming day.
There's an end to passing sorrow.

Suddenly all flies away,
And delight returns tomorrow.

알렉산더 푸시킨 Alexander Pushkin

러시아의 작가(1799~1837). 모스크바 귀족 가문에서 태어나 황실학교를 졸업한 후 외무성에서 근무했으며, 자유주의적 성향으로 인해 남러시아로 유배되기도 했다. 근대 러시아 문학의 아버지로 불린다.

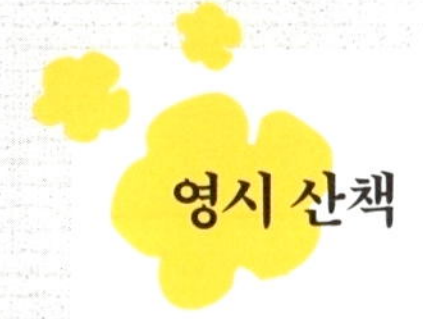

러시아 문학의 아버지로 칭송받고 있는 알렉산더 푸시킨은 시인이자 소설가이다. 간결하고 명료한 그의 시와 작품들은 많은 러시아 시인들에게 영향을 주어 리얼리즘의 초석을 쌓았다는 평을 받고 있다.

그의 시 〈What though life conspire to cheat you(삶이 그대를 속일지라도)〉는 일제 강점기에 일본에서 번역되어 식민지 조선인들의 가슴에 홀연히 날아들었다. 제정 러시아 시대에 자유 혁명 의식을 일으켰던 그의 시선과 정신이 강렬하게 읽혔을 것이다. 고난 속에 피어나는 인내와 희망의 메시지가 많은 조선인들에게 위로가 되었을 법하다. 시대를 초월하여 여전히 사랑받고 있는 이 시는 누구나 한 번쯤은 들어본 시가 아닐까 싶다. 'What though life conspire to cheat you(삶이 그대를 속일지라도)'의 첫 구절은 너무나 유명하다.

삶이 그대를 속인다는 것은 삶이 나에게 등을 돌려 사기를 치는 듯한 무력감이 아닐까 싶다. 그럼에도 시인은 슬퍼하거나 불평하지 말고 버티라고 한다. 아무런 자극이나 동요 없이 정지, 부동의 상태로 고통을 통과해야 한다니, 말이 쉽지 과연 얼마나 많은 사람이 가능한 일일까.

고생하지 않고 편하게 사는 것, 누구나의 열망이다. 그런데 잠잠히 들여다보면 그 어떤 길도 가끔의 예외를 제외하면 미련하게 쌓인 시간과 돈, 그리고 에너지 투입의 산물이다. '고(苦)는 생(生)'이다. 즉, 묵묵한 '고(苦)'의 값은 창출이라는 '생(生)'의 밑거름이다. 고로, 미련한 견딤을 하대하면 안 될 일이다. 썩 손해날 장사는 아닌 것 같다.

고통

On Pain _Kahlil Gibran

Day 68

Your pain is the breaking of the shell
that encloses your understanding.
Even as the stone of the fruit must break, that its heart
may stand in the sun, so must you know pain.

당신의 고통은 당신의 깨달음을 감싸고 있는 껍질을 깨는 것이다.
과일의 씨앗 겉껍데기가 깨어져야 그 핵심이 햇빛에 드러나듯이
당신도 고통을 이해해야 한다.

어휘

breaking 깨뜨림   shell 껍질   enclose 에워싸다   stone 씨앗, 껍질

Q. 고통은 무엇이라고 생각하나요? 삶에 꼭 필요한가요?

Level Up English

Even as the stone of the fruit must break, that its heart may stand in the sun, so must you know pain.

여기서 'stone'은 일반적인 의미의 '돌'이 아니라 '씨앗' 혹은 엄밀히 말해 씨앗을 둘러싸고 있는 '딱딱한 껍질'을 가리킨다. 복숭아, 살구, 자두와 같은 핵과류의 과실을 떠올릴 수 있으며 이를 'stone fruit'이라고 일컫는다. 위 문장의 큰 틀은 접속사 'as'에 도치 구문 'so + 조동사 + 주어 + 동사'가 연결된 구조이다. '~인 것처럼 ~이다'라는 뜻이며 '과일의 씨앗 껍질이 깨져야 그 핵심이 햇빛에 드러나듯 너도 고통을 알아야 한다.'는 의미이다.

Day 69

And could you keep your heart in wonder
at the daily miracles of your life,
your pain would not seem less wondrous than your joy;
And you would accept the seasons of your heart,
even as you have always accepted the seasons
that pass over your fields.

일상의 기적에 대한 경이로움을 마음에 간직하듯이
기쁨만큼이나 고통도 경이롭게 느껴질 것이니
당신이 항상 들판 위로 지나가는 계절을 언제나 받아들였듯이
당신 마음의 계절도 받아들여야 한다.

어휘

wonder 경이로움   **miracle** 기적   **wondrous** 놀라운

Q. 받아들여야 할 나만의 고통이 있나요?

Much of your pain is self–chosen.
It is the bitter potion by which the physician within you
heals your sick self.
Therefore trust the physician, and drink his remedy
in silence and tranquility:

고통의 많은 부분은 스스로 선택한 것이다.
쓴 약이 되어 의사가 당신 안에 병든 자아를 치료한다.
그러니 의사를 믿으라 조용하고 침착하게 그 약을 마셔라.

어휘

self-chosen 스스로 선택한　**bitter** 쓴　**potion** 물약
physician 의사　**heal** 치료하다　**remedy** 치료제　**tranquility** 고요함

Q. 고통을 극복하는 나만의 방법이 있나요?

On Pain

_Kahlil Gibran

Your pain is the breaking of the shell that encloses your understanding.
Even as the stone of the fruit must break, that its heart may stand in the sun, so must you know pain.
And could you keep your heart in wonder at the daily miracles of your life, your pain would not seem less wondrous than your joy;
And you would accept the seasons of your heart, even as you have always accepted the seasons that pass over your fields.
And you would watch with serenity through the winters of your grief.

Much of your pain is self–chosen.
It is the bitter potion by which the physician within you heals your sick self.
Therefore trust the physician, and drink his remedy in silence and tranquility:
For his hand, though heavy and hard, is guided by the tender hand of the Unseen,
And the cup he brings, though it burn your lips, has been fashioned of the clay
which the Potter has moistened with His own sacred tears.

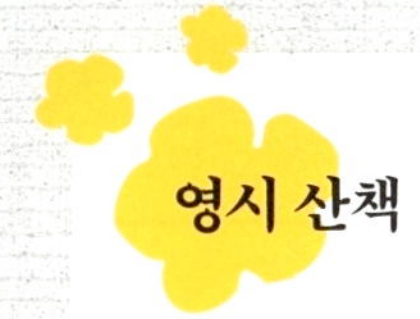

이해를 감싸고 있는 단단한 껍질은 고통을 통과해야 벗겨진다. 고통이 삶에 대한 시선을 넓혀주는 열쇠라니, 난해하면서도 심오하다. 깨달음 따위는 필요 없으니 정중히, 그리고 끝까지 거절하고 싶은 것이 고난인데 말이다.

피츠제럴드라는 영국의 한 거부가 있었다. 하나밖에 없는 아들이 열 살이 되었을 때 아내를 잃었고, 혼자서 애지중지 키웠던 아들 역시 스무 살이 채 되기도 전에 병을 앓다가 요절했다. 평생 가족을 잃은 슬픔을 유명 예술작품의 수집으로 달래다 세상을 떠났다. 그의 유언에 따라 소장품들을 경매로 처분하는 자리가 마련되었다. 경매장 구석에 '내 사랑하는 아들'이라는 제목으로 그의 작품 한 점이 함께 놓였다. 안타깝게도, 그림의 입찰자가 없었다. 어디선가 한 노인이 등장하였고 가지고 있던 변변치 않은 돈을 전부 걸었다. 그는 피츠제럴드의 아들을 돌보았던 하인이었다. 순간, 유언 집행이 중단되고 변호사가 피츠제럴드의 유언장을 낭독했다. '누구든지 내 아들 그림을 사는 사람이 모든 소장품을 가진다. 가장 소중한 것이 무엇인지 아는 사람이니 모든 것을 가질 자격이 있다.'

고통의 터널을 통과하며 온몸으로 견딘 이의 깨달음이 전해진다. 눈물의 계절을 통과하며 눈에 보이는 화려함, 혹은 초라함의 얄팍한 피복을 벗겨내고, 꺾이지 않는 진실한 마음, '항상심(恒常心)'이라는 정수(its heart)를 마주한다. 불안과 혼돈에서 벗어나는 가장 좋은 방법은 이 순간의 좋은 일에 감사하는 것이라고 한다. 주어진 찰나의 생을 감사하며 아름답게 살아내는 것, 이를 위해 꿋꿋하게 나만의 탑을 쌓는 것이 인간이 가질 수 있는 실존적 역동성이다. 긴장에서 벗어나려는 몸부림이 아니라, 삶의 의미를 불러내는 노력, 이것이 우리에게 주어진 삶에 대한 태도인 것 같다.

Do not go gentle into that good night _Dylan Thomas

Day 71

Do not go gentle into that good night,
Old age should burn and rave at close of day;
Rage, rage against the dying of the light.

저 좋은 밤으로 순순히 들어가지 마세요.
노년에 날이 저무는 것을 타오르며 분노해야 해요.
분노하세요 빛이 꺼져감에 분노하세요.

gentle 온화한 **rave** 고함치다 **rage** 분노하다 **dying** 죽음

Q. 사랑하는 사람의 죽음으로 애끓는 마음을 경험한 적이 있나요? 어떻게 극복했나요?

Wild men who caught and sang the sun in flight,
And learn, too late, they grieved it on its way,
Do not go gentle into that good night.

달아나는 태양을 잡아 노래했던 무법자들
그리고 뒤늦게야 태양이 떠나버린 것을 알고 애석하기에
저 좋은 밤으로 순순히 들어가지 마세요.

어휘

flight 비행, 도망　**grieve** 애도하다

Q. 삶의 종착역에 닿기 전에 꼭 하고 싶은 버킷리스트가 있다면?

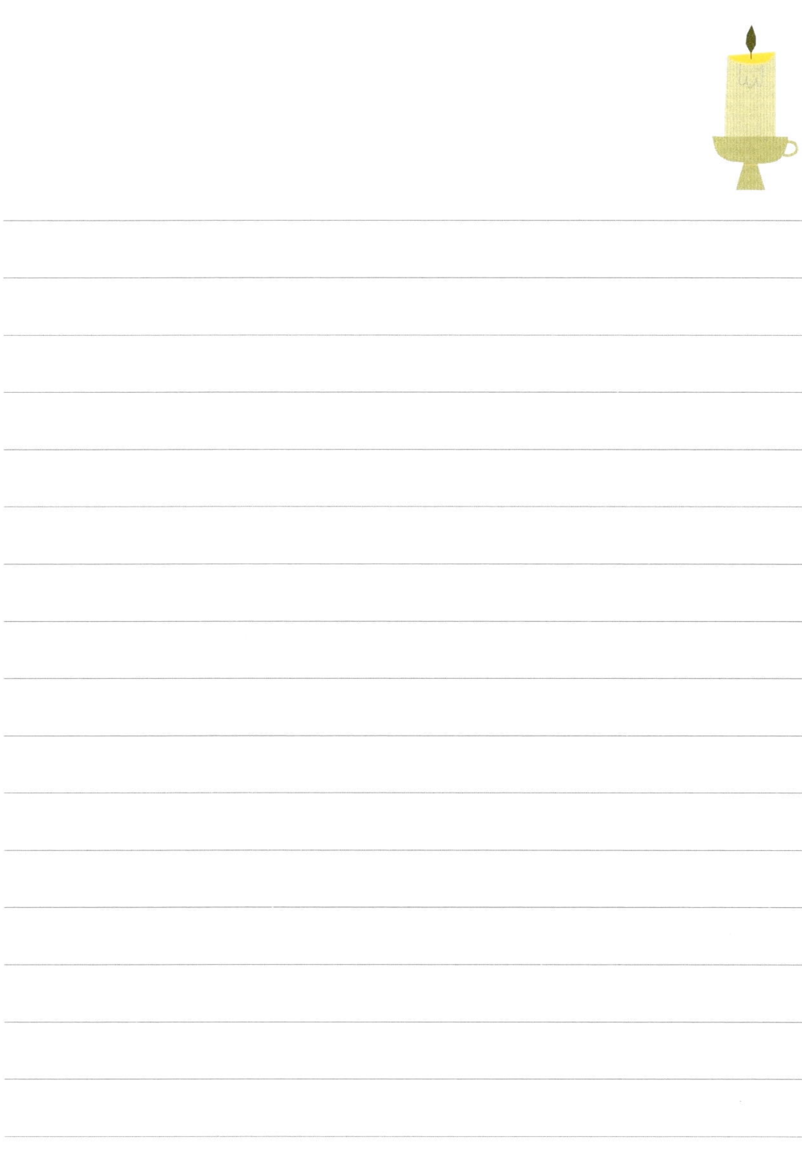

Grave men, near death, who see with blinding sight
Blind eyes could blaze like meteors and be gay,
Rage, rage against the dying of the light.

죽음 가까이에서 시력이 어두워진 엄숙한 자들
멀어버린 눈도 유성처럼 타올라 밝아질 수 있으니
분노하세요 빛이 꺼져감에 분노하세요.

어휘

grave 엄숙한 **blinding** 눈이먼 **sight** 시력 **blaze** 활활 타오르다
meteor 유성, 운석 **gay** 밝은

Q. 나의 장례식은 어떠하길 바라나요? 그러기 위해 어떻게 살아야 할까요?

Do not go gentle into that good night   _Dylan Thomas

Do not go gentle into that good night,
Old age should burn and rave at close of day;
Rage, rage against the dying of the light.

Though wise men at their end know dark is right,
Because their words had forked no lightning they
Do not go gentle into that good night.

Good men, the last wave by, crying how bright
Their frail deeds might have danced in a green bay,
Rage, rage against the dying of the light.

Wild men who caught and sang the sun in flight,
And learn, too late, they grieved it on its way,
Do not go gentle into that good night.

Grave men, near death, who see with blinding sight
Blind eyes could blaze like meteors and be gay,
Rage, rage against the dying of the light.

And you, my father, there on the sad height,
Curse, bless, me now with your fierce tears, I pray.
Do not go gentle into that good night.
Rage, rage against the dying of the light.

딜런 토머스 Dylan Thomas
영국(웨일스)의 작가(1914~1953). 웨일스의 자연과 언어를 바탕으로 한 서정적이고 음악적인 문체가 특징이며, 생과 죽음에 대한 깊이 있는 성찰을 보여준다.

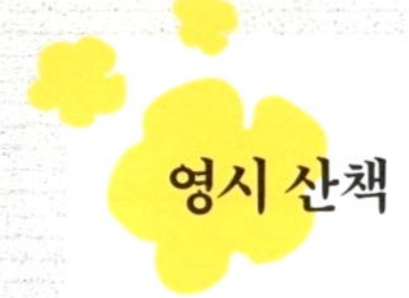

영화 '인터스텔라'에서 여러 번 암송되면서 유명해진 시다. 주인공 쿠퍼가 위기에 빠진 인류를 위해, 그리고 가족을 위해 블랙홀에 빨려 들어가는 절체절명의 순간, 절망 속에서도 희망을 노래하며 맞서는 저항 정신이 이 시와 함께 강렬하게, 그리고 감동적으로 전해진다.

영국인들의 사랑을 받고 있는 시인 딜런 토머스는 아버지의 임종을 앞두고 비가(elegy: 슬픔과 애도를 위해 쓴 시나 노래)로 이 시를 썼다. 'Do not go gentle into that good night,' 첫 구절부터 죽음을 눈앞에 둔 아버지의 모습을 인정할 수 없어 꺼져가는 희망의 불꽃이라도 지피려는 애달픔이 느껴진다. 'good night'은 죽음을 상징하는데 'good'이라는 긍정적 이미지를 붙인 역설적인 표현이다. 죽음을 받아들이라는 지혜를 가르치는 현자들조차 여전히 세상에 큰 영향을 미치지 못했다는 핑계로 삶에 애착을 갖는다. 따라서 시인은 이생에서 저생으로 넘어가는 운명의 순간에 맥없이 스러지지 말고 있는 힘껏 저항하라고 외친다. 아버지의 죽음을 받아들이기 힘들어 부르짖던 나의 포효이기도 했다. 일상에서 매일 만나는 풍경 속 어르신들이 나의 부모님이면 얼마나 좋을까 꿈을 꾼다. 사람들은 모를 것이다. 평범하지만 누구나 다 가질 수 없는 부모님과의 동행을. 이제, 아들의 삶에 그런 장면을 선사해주겠다는 야무진 꿈으로 갈아타려 한다. 큰 욕심 부리지 않고 천천히 현재를 완주해 보련다.

망각

Let it be forgotten _Sara Teasdale

Day 74

Let it be forgotten as a flower is forgotten.

Forgotten as a fire that once was singing gold.

Let it be forgotten for ever and ever,

Time is a Kind friend; he'll make us old.

잊어버려요 꽃을 잊듯.

잊어버려요 한 때 황금빛을 노래하던 불꽃을 잊듯.

영영 잊어버려요.

세월은 고마운 친구예요, 우리를 나이 들게 하니까요.

 어휘

forget-forgot-forgotten 잊다

Q. 세월 따라 잊게 된 슬픔과 아픔이 있나요? 지금은 어떤 의미로 다가오나요?

Let it be forgotten

_Sara Teasdale

Let it be forgotten as a flower is forgotten.
Forgotten as a fire that once was singing a gold.
Let it be forgotten for ever and ever,
Time is a Kind friend; he'll make us old.

If anyone asks, say it was forgotten
Long and long ago,
As a flower, as a fire, as a hushed footfall
In a long— forgotten snow.

사라 티스데일 Sara Teasdale

미국의 시인(1884~1933). 1918년 시집 《Love Songs》으로 퓰리처상 시 부문을 수상했다. 사랑과 자연, 죽음을 소재로 한 서정적이고 음악적인 시풍으로 20세기 초 미국 문학에 큰 영향을 미쳤다.

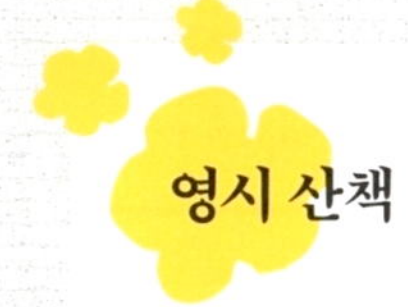

사라 티스데일은 미국의 서정시인이다. 간결하고 담백하면서도 섬세한 언어로 사랑을 받았다. 시집 《Love Songs(사랑의 노래)》로 퓰리처상을 수상했다. 〈Let it be forgotten(잊어요)〉은 일상적인 주제를 쉬운 언어로 풀어낸 시이다. 쉽게 읽히는 문장들 통해 마음의 부담과 짐을 크게 덜어낼 수 있다. 좋은 시의 힘이다.

주제처럼 반복되는 첫 구절, 'Let it be forgotten'은 오묘하다. '나'가 주체가 아니다. 그저 누군가의 의지를 빼내고 허용을 채워 넣은 문장이다. 의도적인 삭제 대신 흐름에 따라 자연적으로 잊도록 두는 것이다.

힘든 기억을 잊으려 발버둥치는 것 자체가 기억 버튼을 누르는 자극일 수 있다. 고로, 인위적인 힘을 빼야 한다. 이때, 아픔을 덮어주고 지워주는 '시간(time)'은 살뜰히도 고마운 벗이 된다. 한때 찬란하게 만개했던 꽃도, 현란하게 타올랐던 불꽃도 사그라든다.

언젠가 잊힌다. 고통도, 그리고 슬픔도. 피어난 아픔이 떨구어질 때쯤 꽃을 잊듯 잊어버리게 된다. 시간은 잊어야 할 일들을 희석하여 아른한 추억으로 바꾸어 주기까지 한다. 잊혀지고, 또 뭉클해진다. 그렇게 시간은 우리를 싸매어 준다.

A thousand winds _Mary Elizabeth Frye

Day 75

Do not stand at my grave and weep.

I am not there. I do not sleep.

I am a thousand winds that blow.

I am the diamond glints on snow.

I am the sunlight on ripened grain.

I am the gentle autumn rain.

나의 무덤 앞에서 울지 마세요.

나는 그곳에 없어요. 죽었다고 생각하지 말아요.

나는 천 개의 바람이 되어 자유롭게 날고 있어요.

나는 눈 위에 빛나는 다이아몬드이고

익어가는 곡식을 비추는 햇빛이며

부드럽게 내리는 가을비랍니다.

어휘

grave 무덤   **weep** 흐느끼다   **glint** 반짝이다, 빛   **ripen** 익다   **grain** 곡물

Q. 먼저 보내드린 대상에게 하고 싶은 말이 있다면?

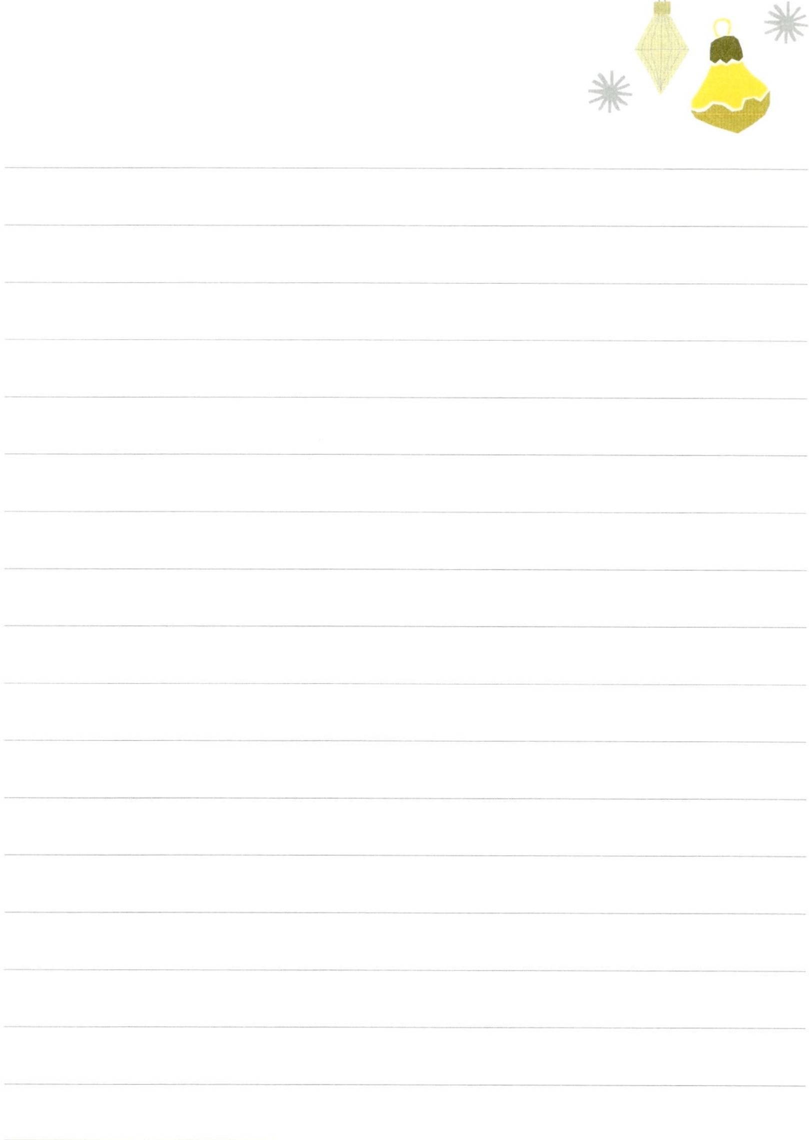

A thousand winds

_Mary Elizabeth Frye

Do not stand at my grave and weep.

I am not there. I do not sleep.

I am a thousand winds that blow.

I am the diamond glints on snow.

I am the sunlight on ripened grain.

I am the gentle autumn rain.

When you awaken in the morning's hush.

I am the swift uplifting rush

Of quiet birds in circled flight.

I am the soft stars that shine at night.

Do not stand at my grave and cry;

I am not there.

I did not die.

메리 엘리자베스 프라이 Mary Elizabeth Frye

미국의 시인(1905~2004). 볼티모어에서 태어나 평생을 그곳에서 보냈으며, 플로리스트로 일하면서 시를 썼다. 간결하면서도 깊은 위로의 메시지를 담은 그녀의 시는 죽음과 이별의 슬픔을 달래주는 따뜻한 감성으로 많은 사람에게 사랑받고 있다.

추모식에서 자주 낭송되며 노래로 편곡되어 불리는 시다. 2001년 미국의 9·11 테러 추모식에서 아버지를 잃은 소녀에 의해 낭독되기도 했다. 한국에서는 세월호 희생자들을 추모하는 곡의 가사로 더욱 익숙해졌다. 시의 원작자에 대해서 의견이 분분하다. 아메리칸 인디언의 구전 시라는 주장에서부터 여러 저작자가 물망에 오르고 있으며 시의 수많은 변이 버전이 있다. 심금을 울리는 깊이로 많은 사람들에게 사랑받고 있는 시라는 점은 분명하다.

유독 'Do not stand at my grave and cry. I am not there. I did not die.' 문장이 가슴을 저리게 한다. 죽음 앞에서 슬픔이란 생자(生者) 중심의 복받치는 감정이다. 반면, 망자(忘死者)의 입장에서는 오히려 천 개의 바람이 되어 날고 있는 자유란다.

세월호 사건이 터지던 날, TV를 보며 펑펑 울었다. 사고 현장에 있었더라면 나도 저들과 똑같았을 텐데, 나 대신 고통 받았을 그들이 마음에 사무쳐서, 그리고 미안해서 하염없이 눈물을 쏟았다. 예전에 같은 교무실에서 일했던 동료 교사가 희생되었기에 더 마음을 주체할 수 없었는지도 모른다.

교사는 촘촘한 관계의 망 속에 살아간다. 그 안에서 실로 어머 어마어마한 일을 온몸으로 마주한다. 과거, 현재, 미래가 전부 딸려 오는 한 학생의 인생을, 하나도 아닌 다수로 매년 새롭게 맞이한다. 어쩌면, 아니 당연히도, 막중한 부담감과 책임감을 짊어지는 것이 교사의 운명일지 모른다. 매년 새로운 인생들이 한 다발 가득 실려 오는 교실, 그곳을 빼곡하게 감싸는 긴장감에 떠는 교사의 마음을, 교직 밖에서는 몰랐다. 교사 역시 누군가의 귀한 자식이고, 부모이고, 가족이다.

선생님들의 가신 길 위로 존중의 덕이 상식이 되는 세상이 세워지길 꿈꿔 본다. 좀 늦었어도 바로 잡히길, 그리고 천 개의 바람이 되어 자유를 누리길 바란다.

Who loves the trees best? _Alice May douglas

Day 76

Who loves the trees best?
"I," said the spring.
"Their leaves so beautiful to them I bring."

누가 나무를 가장 사랑하나요?
"저요," 봄이 말했어요.
"내가 아름다운 나뭇잎을 가져다주거든요."

Q. 내가 가장 사랑하는 사람은?

Who loves the trees best?
"I love them best," Harsh Winter answered,
"I give them rest."

누가 나무를 가장 사랑하나요?
"내가 가장 사랑하지요," 모진 겨울이 말했어요.
"나는 나무들에게 쉼을 주거든요."

어휘

harsh 거친

Q. 쉼을 주는 사랑을 하고 있나요?

Who loves the trees best?　　　　_Alice May douglas

Who loves the trees best?

"I," said the Spring.

"Their leaves so beautiful to them I bring."

Who loves the trees best?

"I," Summer said.

"I give them blossoms, White, yellow, red."

Who loves the trees best?

"I," said the Fall

"I give luscious fruits, Bright tints to all."

Who loves the trees best?

"I love them best," Harsh Winter answered,

"I give them rest."

앨리스 메이 더글러스 Alice May douglas
미국의 작가(1865~1943). 메인주 배스에서 태어나 11세부터 작가 생활을 시작했다. 《작은 아씨들》에서 영감을 받아 언론에 꾸준히 기고했으며, 여러 권의 시집과 청소년 도서를 출간했다.

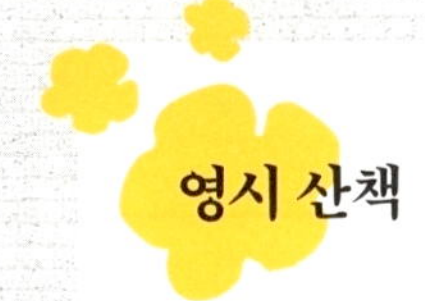

앨리스 메이 더글러스는 미국의 시인이자 아동 문학가이다. 아동 문학가답게 〈Who loves the trees best?(누가 나무를 가장 사랑하나요?)〉는 동시와 같은 감성이 물씬 묻어난다. 봄, 여름, 가을, 겨울 계절별로 나무를 사랑하는 방법이 제각각이다. 계절들은 힘겨루기하듯 각자의 시절에 따라 나무에게 무언가를 해주었다는 업적을 나열하기 시작한다. 봄은 나무에게 아름다운 나뭇잎을 가져다준다. 여름은 형형색색의 꽃을, 가을은 탐스러운 과실과 단풍을 선사한다. 나무에게 준 것을 자신 있게 뽐내는 계절들, 나무에게 물어는 봤을까? 애정이 느껴졌을지를. 각자의 방식대로 주는 사랑이 제대로 수신되고 있는지는 모를 일이다. 주는 사랑은 자칫 자기만족으로 흘러갈 수 있기에.

반면, 겨울은 다른 계절처럼 무언가를 열심히 부어주는 사랑에서 한발자국 물러나 있다. 끊임없이 간섭하고, 무언가를 만들어 채우고, 분주하고 번잡스럽게 상대에게 부담을 주는 행위를 내려놓는다. 대신, 나무에게 쉼과 휴식을 준다. 잠잠히 옆에서 지켜보는, 쉬워보이지만 어려운 사랑이다. 상대를 배려하는 더 깊은 사랑일지도 모른다.

언젠가 마음이 지쳐 있던 청년의 경험을 들은 적이 있다. 울며 집으로 돌아가는 버스 안에 그의 지인 한 명이 함께 올라탔다. 버스는 한 시간 가량 운행하였고, 청년 뒤에 앉은 지인은 아무 말 없이 집에 도착할 때까지 그와 같이 있어주었다. 인생의 무게를 나누어 지려는 듯 같은 시공간에서 버텨준 무언(無言)의 한 시간은 그 어떤 말보다 큰 위로가 되었다고 한다. 아무것도 하지 않는 듯하지만 그저 곁에 있어주는 것은 상대에 대한 존중과 기다림, 그리고 큰 사랑이다.

Grant Me _Rabindranath Tagore

Day 78

Let me not pray to be sheltered from dangers
But to be fearless in facing them.

Let me not beg for the stilling of my pain
But for the heart to conquer it.

위험에서 보호해 달라고 기도하지 말고
위험을 마주할 때 두려워하지 않도록 기도하게 하소서.

고통을 멈추어 달라고 기도하지 말고
고통을 이겨 낼 마음을 달라고 기도하게 하소서.

어휘

shelter 막다   **fearless** 두려움 없는   **stilling** 고요   **conquer** 정복하다

Q. 힘든 시기에 어떻게 기도하나요?

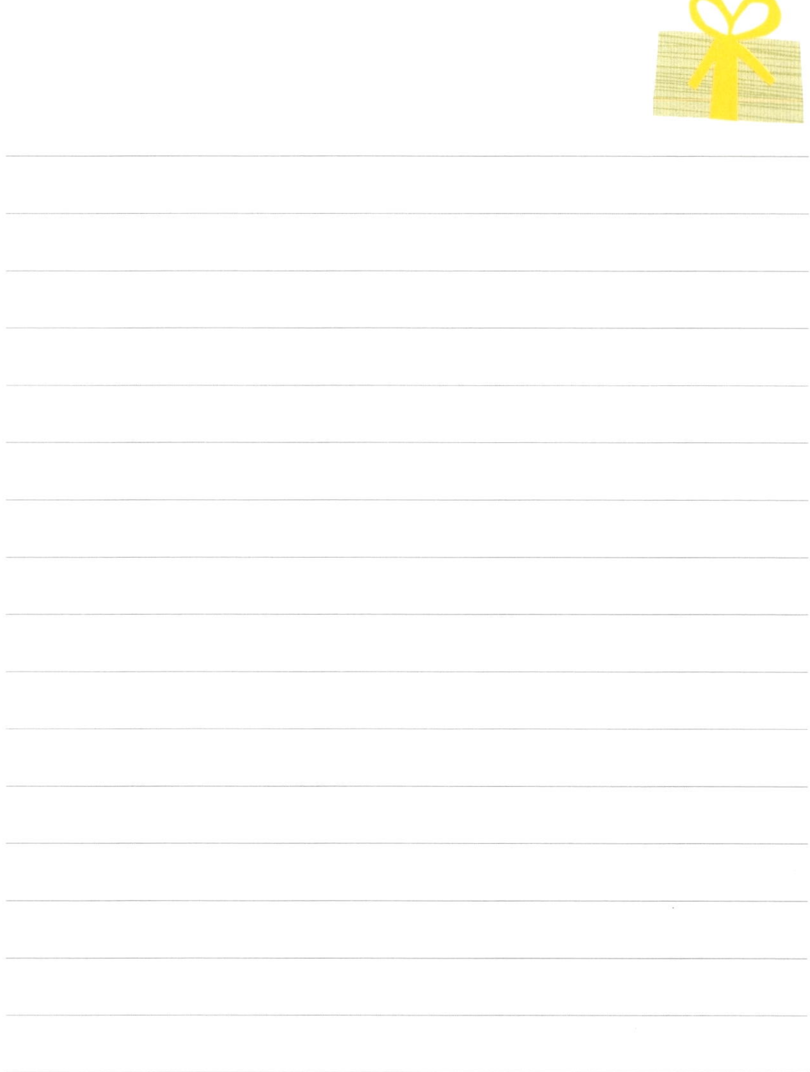

Let me not crave in anxious fear to be saved
But hope for the patience to win my freedom.

Grant me that I may not be a coward
feeling your mercy in my success alone;
But Let me find the grasp of your hand in my failure.

불안에 떨며 두려움 속에서 구원을 바라기보다
자유를 쟁취할 수 있는 인내를 소망하게 하소서.

비겁자게 되지 않도록 하소서.
성공을 했을 때만 당신의 자비를 느끼는 대신
실패 속에서도 당신의 손길을 느끼게 하소서.

어휘

crave 열망하다   **anxious** 불안해하는   **patience** 인내   **grant** 허락하다
coward 겁쟁이   **mercy** 자비   **grasp** 움켜쥠

Q. 실패한 후, 성공한 경험이 있나요? 바로 성공하는 경우와 어떻게 다를까요?

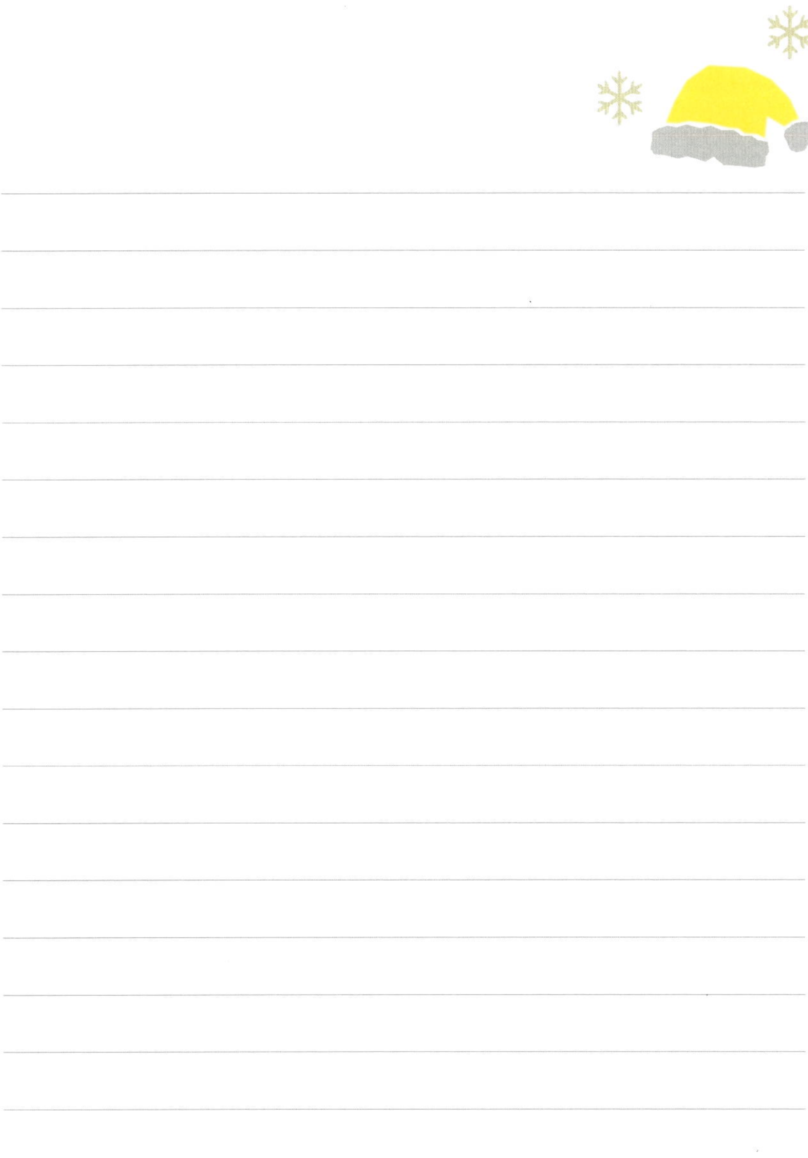

Grant Me

_Rabindranath Tagore

Let me not pray to be sheltered from dangers
But to be fearless in facing them.

Let me not beg for the stilling of my pain
But for the heart to conquer it.

Let me not look for allies in life's battlefield
But to my own strength.

Let me not crave in anxious fear to be saved
But hope for the patience to win my freedom.

Grant me that I may not be a coward,
feeling your mercy in my success alone;
But let me find the grasp of your hand in my failure.

라빈드라나트 타고르 Rabindranath Tagore

인도의 시인 겸 철학자(1861~1941). 《기탄잘리》로 아시아 최초로 1913년 노벨 문학상을 받은 인도 최고의 시인이다.

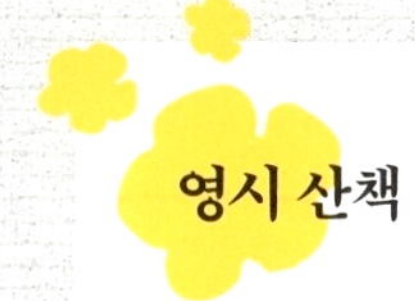

라빈드라나트 타고르는 일본의 식민지 통치하에 신음하는 조선을 위해 쓴 시 〈The Lamp of the East(동방의 등불)〉라는 시를 남긴 인도의 시인 겸 철학자다. 동방의 시성(詩聖)으로 불리는 그는 아시아인 최초로 노벨문학상을 받았다. 1909년 《기탄잘리(신에게 바치는 노래)》를 발표하면서 세계적인 명성을 얻었다. 타고르는 인생의 진정한 승리자는 자기를 이기는 사람이라고 말했다. '오늘은 어떻게 지냈는가?', '오늘은 어디를 갔었는가?', '오늘은 누구를 만났는가?', '오늘은 무엇을 했는가?', '오늘은 무엇을 잊어버렸는가?' 다섯 가지의 질문에 답하며 인생을 살아가도록 권면했다. 〈Grant Me(허락하소서)〉에서도 그가 보여주는 단단한 정신의 기본기를 읽을 수 있다. 위험, 고통, 두려움, 실패의 굴곡을 잠잠히 견디는 기적의 힘이다.

독수리가 그 어떤 새들보다 더 높은 하늘을 날 수 있는 이유는 수평이 아닌 수직 상승 기류를 탈 줄 알기 때문이라고 한다. 보통의 새들은 펄럭이는 날갯짓(flapping)을 통해 수평적인 바람을 따라 떠 있지만 독수리는 상승 기류를 타고 높은 곳으로 비상(soaring)한다. 독수리는 격렬한 날갯짓이 아니라 수직으로 떠오르는 공기의 존재를 알고, 그 바람을 타고 올라가는 감각을 지닌 유일한 새라고 한다. 힘을 빼고 높이 올려줄 기류에 몸을 맡기는 순간, 하늘 높이 솟구쳐 고도 비행하게 된다. 즉, 높이 날아오르기 위해 올라가는 공기의 힘을 빌린다. 기적은 안간힘을 쓰기보다 힘을 뺄 때 일어난다. 상승 기류를 타기 위한 믿음이고 기다림이다.

A poison tree _William Blake

Day 80

I was angry with my friend:
I told my wrath, my wrath did end.
I was angry with my foe;
I told it not, my wrath did grow.

친구에게 화가 났네.
분노를 말했더니 분노가 사라졌네.
적에게 화가 났네.
분노를 말하지 않았더니 분노가 자라났네.

어휘

wrath 분노   foe 적

Q. 분노로 일을 그르친 경우가 있었나요?
   혹은 분노를 잘 소화했을 때 특별한 경험을 한 적이 있나요?

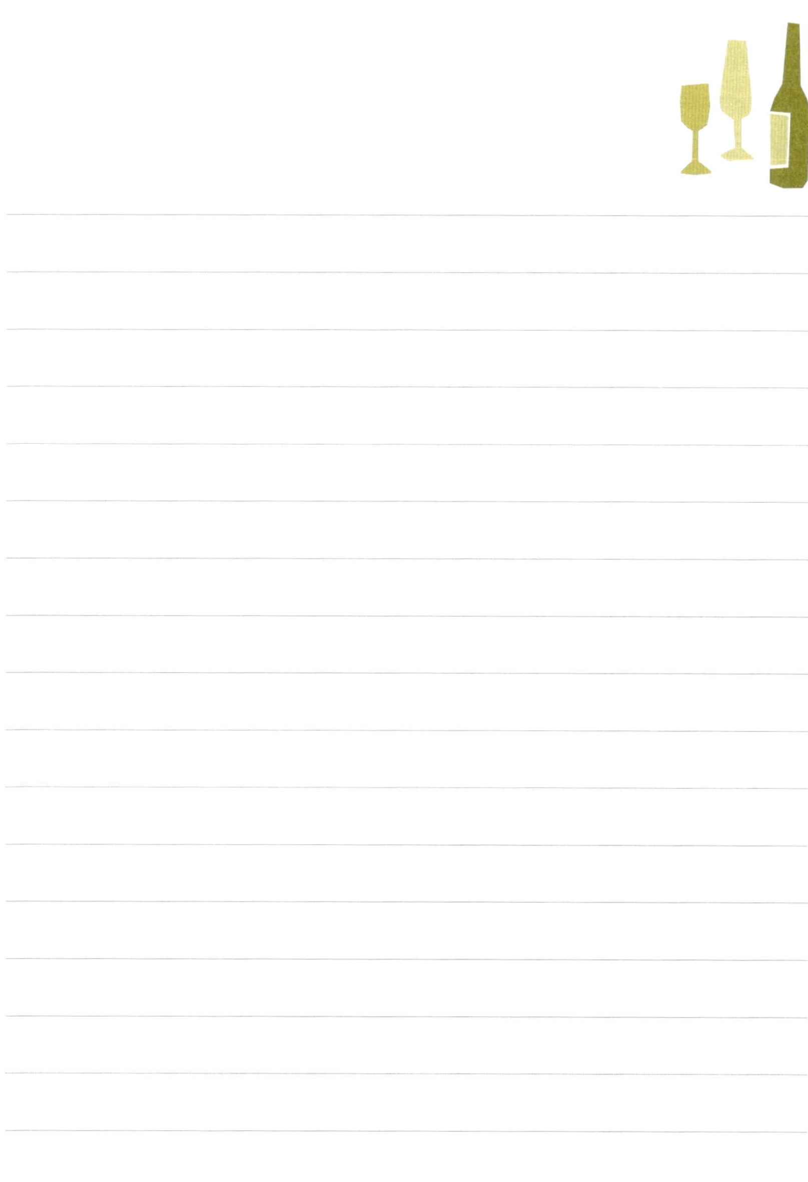

A poison tree

_William Blake

I was angry with my friend:
I told my wrath, my wrath did end.
I was angry with my foe;
I told it not, my wrath did grow.

And I watered it in fears,
Night and morning with my tears;
And I sunned it with smiles,
And with soft deceitful wiles.

And it grew both day and night,
Till it bore an apple bright;
And my foe beheld it shine,
And he knew that it was mine,

And into my garden stole
When the night had veiled the pole;
In the morning glad I see
My foe outstretched beneath the tree.

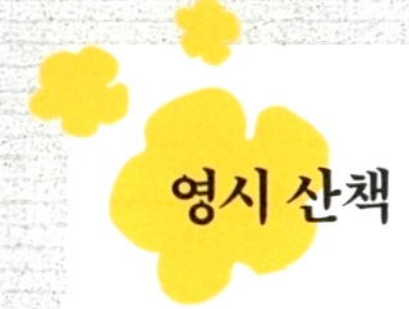

윌리엄 블레이크는 BBC가 선정한 영국을 빛낸 100인 중 한 사람으로 꼽히는 시인이다. 〈A poison tree(독을 품을 나무)〉는《Songs of Innocence(순수의 노래)》다음으로 출간된 시집《Songs of Experience(경험의 노래)》에 실린 시다. 각 연의 'friend – end', 'foe – grow', 'fears – stars', 'smiles – miles', 'night – bright', 'shine – mine'과 같은 각운을 발견할 수 있다.

시는 노래한다. 분노를 마음에 담아두면 탐스럽게 자라나 사과라는 열매를 맺는다고. 화가 날 때 감정을 어떻게 처리하느냐에 따라 결과가 달라진다. 즉시 해결하면 별탈이 없겠지만 분노를 품으면 그 파괴력은 어마어마하다. 시에서 상대와 자신의 영혼마저 쓰러뜨릴 수 있는 독을 품은 과실이 등장한다. 사과, 즉 선악과의 상징이다. 사실, 성경은 선악과를 특정 과일로 지칭하고 있지 않다. 그런데 왜 이 금단의 열매는 사과를 떠올리게 할까? 문학의 힘이다. 영국의 존 밀턴이《실낙원》에서 선악과를 사과로 형상화한 이후부터 자연스레 '선악과는 사과이다'라는 연상 공식이 생겨났다.

시를 통해 '감정'에서 '관계의 문제'까지 들여다 볼 수 있다. 우리 삶에는 많은 인연이 들고 난다. 옷깃 인연, 시절 인연, 평생 인연 등 다양한 명칭, 각양각색의 모습으로 다양한 인연들이 생의 간격 사이를 지나다닌다. 살짝 스쳐 지나기도, 잠시 머물다 가기도, 오래도록 옆을 지키기도 한다. 생의 좌표가 어긋나 마음에 생채기로 남은 인연을 억지로 끌어다놓으면 독이 된다. 내 옆을 지키고 있는 소중한 인연이야 말로 관계의 해독제이다. 마음의 파장이 비슷한 사람들과 마음 떨림을 주고받으며 건강한 시간을 흡수해야겠다.

찰나의 순간,
시가 마음에 다녀간다

《죽은 시인의 사회》에서 기팅 선생님은 시를 읽고 써야 하는 이유에 대해 다음
과 같이 말했다.

> "시를 읽는다는 건 아름다워서가 아니다. 우리가 인류의 일원이기 때문에
>
> 시를 읽고 쓰는 것이다. 시, 낭만, 사랑, 아름다움은 우리를 살아 있게
>
> 만들기 때문에 세상에 있는 것이다."

찰나의 순간, 시가 마음에 다녀간다. 가슴을 몽글하게도 저리게도 한다, 시는.
뭔지 모를 여운의 끝자락에서 사유와 마주친다. 오래도록 맴도는 생각으로 내
면이 물든다. Cogito, ergo sum(코기토 에르고 숨: 나는 생각한다 고로 존재한다)이
라고 했던가. 시는 곧, 삶이 된다.
로버트 프로스트의 〈가지 않는 길〉 속에서 무수히 밟힌 길과 풀이 무성한 두 개
의 길을 만난다. 갈래길 앞에서 시의 화자는 발자국의 흔적이 덜한 쪽을 택한다.
하나의 길에 들어서면 돌아갈 수 없는 아쉬움이 남는다. 어떤 선택을 하든 차이
를 낳게 된다는 생의 강렬한 잔향에 취한다. 자신의 시를 과하게 분석하는 평론

가들에 대해 못마땅했던 프로스트는 '그냥 산책한 거 끄적인 시에요.'라고 답했다고 한다. 그럼에도 분명하게 그의 시는 울림을 준다. 삶이라는 연극이 계속되는 한, 그 극의 유일한 주인공인 내가 주체성을 놓지 않는 한, 그 과정은 그저 한 편의 아름다운 시가 되기에. 월트 휘트먼의 〈O Me! O Life!〉가 던지는 메시지이기도 하다. 휘트먼은 이 시를 통해 끊임없이 반복되는 생의 질문에 대한 답이 '내가 여기에 존재한다'는 사실임을 강조했다. 삶이 존재하고 자신이 존재하면 내가 바로 한 편의 시가 되는 것이다.

"**What will your verse be?**(너의 시는 무엇이 될까?)"

《죽은 시인의 사회》의 기팅 선생님이 던지는 질문이다. 조심스레, '지금'의 한 소절을 나답게 쓰는 것이라 답해본다. 아직 미완이지만, 멈추지 않으면 언젠가 '무엇'으로 완결될 것이다. 흔들림 없이 오래 견뎌내며 삶의 기둥을 깊게 세우고 싶다. 시대를 움직이는 거창한 업적까지는 아니더라도 해볼 만하다. 꾸준하게, 천천히. 그러다 보면 앞뒤 생이 빚어낸 시어들 간의 운율도 자연스레 맞춰지리라.

개인적으로 삶을 건너뛴 적도, 소홀히 대한 적도 없다. 여기저기 둘러 오느라 특정 목적지에 조금 늦게 도달했을 뿐이다. 빠르게 직행했으면 들르지 못했을 정류소에서 수많은 삶의 요체들을 찾아 인생 주머니에 담느라 늦었다. 생의 여기저기서 캐낸 알맹이들이 채워져 나름 볼록한 모양새를 갖춘 느낌, 이만하면 충분히 매력 있다. 어차피 늦었으니 속도전에서도 자유롭다. 늦어서 아쉬운 것보다 늦더라도 도달해서 감사하다. 조금 느린 생의 엇박자는 내 인생의 서사이다. 누구든지 자신만의 주제로 쓸 수 있고, 또 써야만 하는 것이 인생 시가 아닐까. 헬렌 켈러의 글 한 편을 띄워드리고 싶다. 그녀의 글을 읽기 전까지, 볼 수 있다는 사실에 감사한 적이 없다. 시력은 감사 목록에 어울리지 않는 당연한 눈의 감각이었다. 사실, 몰랐다. 내가 누리는 무심코의 하루가 누군가에겐 얼마나 절절한 부러움인지를. 그래서 감사의 반대는 불평이 아닌, 당연함인가 보다. 소소한 것을 당연하게 받아들이면 큰일에도 감사하지 못한다. 감사력은 연습이다. 가진 것을 기뻐하지 못하면 가지지 않은 것에 슬퍼하게 된다. 가장 축복받는 사람이 되고 싶다면 가장 감사하는 사람이 돼야 한다.

새로이 짠 감사의 얼개 안에 고마운 마음을 촘촘히 담아 본다. 조건 없이 언제나 밀착 사랑을 부어 주는 남편과 아들, 사랑하는 친정과 시댁 식구들, 찐 친구들과 직장 동료를 포함한 소중한 나의 지인들, 그리고 계속적으로 책을 찾아주시는 독자님들, '영시 필사'를 주제로 책이 나올 수 있도록 지원해주신 편집장님과 출판사에 다시 한 번 깊은 감사의 마음을 전한다. 마지막으로, 지금까지 시력을 거두어 가지 않고, 선명하게 눈을 뜨고 글 짓는 교사로 살아가게 하신 하나님께 감사드린다.

"만약 내가 사흘간 볼 수 있다면 첫날에는 나를 가르쳐 준 설리번 선생님을 찾아가 그분의 얼굴을 보겠습니다. 그리고 산으로 가서 아름다운 꽃과 풀과 빛나는 노을을 보고 싶습니다. 둘째 날엔 새벽에 일찍 일어나 먼동이 트는 모습을 보고 싶습니다. 저녁에는 영롱하게 빛나는 하늘의 별을 보겠습니다. 셋째 날은 아침 일찍 큰길로 나가 부지런히 출근하는 사람들의 활기찬 표정을 보고 싶습니다. 점심때는 아름다운 영화를 보고, 저녁에는 화려한 네온사인과 쇼윈도의 상품들을 구경하고, 저녁에 집에 돌아와 사흘간 눈을 뜨게 해 주신 하나님께 감사의 기도를 드리고 싶습니다."

_《3일만 볼 수 있다면》, 헬렌 켈러

쉽게 쓰는 나만의 영시

1. Acrostic poem(N행시)

우리나라의 ○행시에 해당하는 시예요. 주어진 단어나 문구의 각 글자를 이용해서 전체의 큰 의미를 담은 시를 쓰는 기법이에요.

[예시]

Happiness

Holding on to every moment that makes us warm,

Although life struggles in the middle.

Positively think that a better day will come

Peace in our hearts keeps our life going.

In simple smiles and joys we find,

Nurtured dreams and a calm state of mind.

Each new sunrise brings hope and belief,

Sunshine coming down upon everyone's hopeful hearts.

Sing your life merrily — it's all up to you!

🌿 Step 1　Choose a subject word.
쓰고 싶은 주제에 해당하는 단어를 고르세요.

🌿 Step 2　Brainstorm.
주제에 대해 생각나는대로 적으세요.

🌿 Setp 3　Write the subject word vertically.
주제어를 한 글자씩 세로로 쓰세요.

🌿 Step 4　Write your poem by using sensory imagery, similies and metaphors.
심상과 비유법(직유, 은유 등)을 사용해서 시를 써보세요.

🌿 Step 5　Revise your poem, helped by a grammar or spelling checker.
문법이나 스펠링 등을 확인하며 수정해 보세요.

부록

2. Diamente Poem (다이아몬드 시)

'diamente'는 이탈리아어로 다이아몬드라는 뜻입니다. 7행의 다이아몬드 형태로 쓰여지는 시를 일컬어요. 첫 번째 행과 마지막 행은 한 단어로 시작하고, 두 번째와 여섯 번째 행은 두 단어, 세 번째와 네 번째는 세 단어이며 가장 긴 4행은 4단어입니다. 각 행별로 품사도 나름 정해져 있어요. 첫 행부터 '명사 → 형용사 → 동사 → 명사 → 동사 → 형용사 → 명사' 순이에요. 시각적으로 나타내면 다음과 같아요.

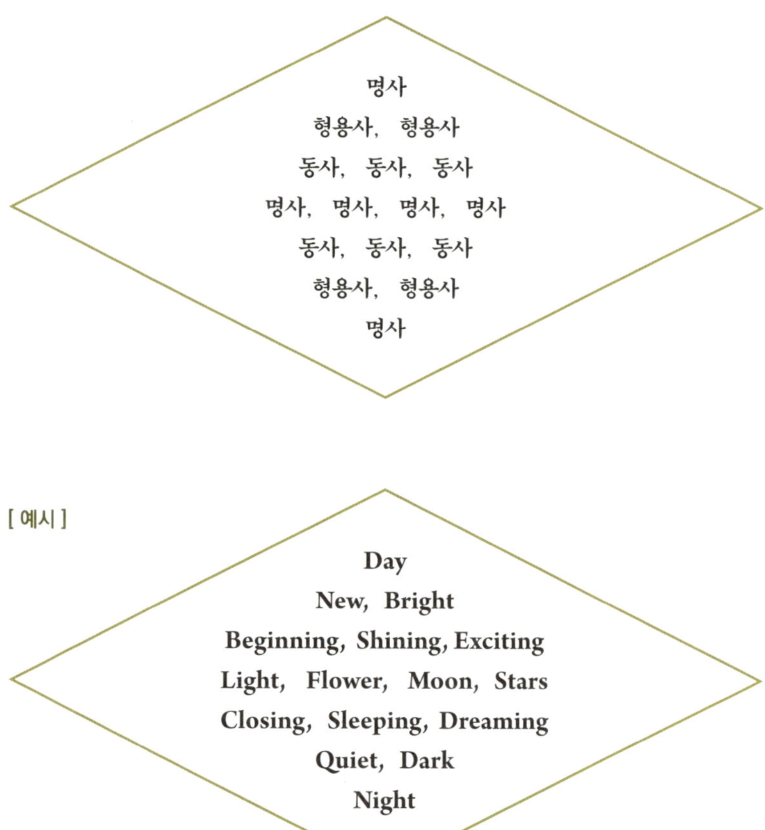

[예시]

Diamente Poem

Theme(주제):

3. English HAIKU (영어 하이쿠)

일본의 정형시의 형태를 적용하여 쓰는 짧은 3행의 단시예요. 본래 '5음절 -
7음절 - 5음절'로 3행을 이루는 형식이지만 영어 하이쿠의 경우 꼭 17음절, 혹
은 3행을 지킬 필요는 없어요. 일본어와 영어는 음절 단위가 달라서 원래의 틀
을 엄격하게 적용하기가 힘들거든요. 계절의 느낌, 이미지(심상)를 좀 더 살려서
써본다면 원래의 하이쿠의 정신을 담을 수 있어요.

[예시]

Autumn leaves falling
Colors dance everywhere on breezes
The world breathes in gold

Egnlish HAIKU

Theme(주제):

【봄】

❦ 봄

_크리스티나 로세티

겨우내 서리에 갇힌
씨와 뿌리, 그리고 과일 씨앗.
무엇이 그 수액을 끌어올려
새싹, 초록빛 순(筍),
잎, 잎새, 잎집을 틔울 수 있을까요?
밑에서 터져 나오는 숨겨진 생명,
죽음이 무덤 속에서 키운 생명에 대해 말하지요.

날이 풀리는 바람이 기분 좋게 불어오고,
촉촉한 비가 떨어지며,
이따금 잠에서 깨어난 태양이 내려다보여요.
들판에는 어린 풀이 돋아나고,
어린 잎사귀가 이른 생울타리 나무를 덮지요.
씨와 뿌리와 과일 씨앗이 수액으로 부풀어 올라 싹을 틔워요.
곱슬머리 고사리가 골목길에 돋아나고
새들이 노래하며 다시 짝을 이루어요.

봄 같은 계절은 없어요.
모든 것에 생명이 살아 숨 쉬는 때잖아요.
어린 새가 노래하기 전에
꼬리 끝이 갈라진 제비들이 속도를 높여
보이지 않는 하늘길을 따라 돌아오기 전에
하나님이 그들의 날개를 인도하시고
부족함 없는 식탁을 펼쳐 주시거든요.
데이지가 평범한 꽃을 피우기 전에
태양의 힘이 강해져서
세상을 태워버리는 한낮이 오기 전에 말이에요.

봄 같은 계절은 없어요.
지나가버리는 봄 같은 계절 말이에요.

부록

봄의 생명 같은 삶은 없어요 - 죽기 위해 태어나거든요.
잔디를 뚫고 솟아나며
엉성한 흙덩이에 푸른 옷을 입혀 주고
둥지에서 새끼가 부화되고
바람에 나부끼는 나뭇가지에서 날아올라
힘찬 날개짓을 하지요.
지나가는 봄 같은 계절은 없어요.
이제 막 태어났다 싶다가도 이내
서둘러 사라지거든요.

🌱 생에 오직 하나뿐인 당신

_데보라 모이어

모든 풀잎 하나하나
눈송이 하나하나
서로 조금씩 다르다.
이 세상에 똑같은 것은 하나도 없다.

작은 모래알에서부터
밤하늘의 거대한 별에 이르기까지
모든 것은 이렇게 만들어졌다.
그 모습 그대로 존재하도록!
그러니 서로 닮으려 하는 것이 얼마나 어리석은가
가식적인 겉치레가
얼마나 부질없는 것인가
우리 하나하나는
무한한 창조력을 가진 신이 만든 존재이기에.

이 세상에 오직 나 하나만이
나의 가능성을 보여줄 수 있는 존재이다.
그러니 당신도 자랑스러움을 느껴보라.
이 세상에 당신도 오직 하나뿐이기에.

모든 것이 시작되는 것은
당신으로부터이다. 멋지고
무한한 사람인 당신으로부터.

❦ 나의 마음이 뛰노라

_ 윌리엄 워즈워드

내 마음이 뛰노라
하늘의 무지개를 바라볼 때면

철없던 어린 시절에도 그랬고
어른이 된 지금도 그렇고
나이가 들어도 그러하리라
아니면 죽게 되는 것이니!

아이는 어른의 아버지이니
내 삶에 바라는 것은
날마다 자연의 경건에 연결되는 것

❦ 전 아무도 아니에요! 당신은 누군가요?

_ 에밀리 디킨슨

전 아무도 아니에요! 당신은 누군가요?
당신도 아무도 아닌가요?
그렇다면 우린 똑같군요!
말하지 말아요! 사람들이 쫓아낼 거예요, 알잖아요.
유명인이 된다는 건 너무 끔찍해요!
알려진다는 건 마치 개구리 같아요.
자기 이름을 알리려고 6월 내내 울지만
고작 늪을 향해 울어대는 게 다거든요!

❦ 나 자신의 노래(일부)

_ 월트 휘트먼

나 자신을 찬미한다, 나를 노래한다.
그리고 내가 가진 것을 그대도 가지고 있다.
나를 이루는 모든 원자가 그대에게도 있으니
(…)
모든 관점에 귀기울이되 그대의 자아를 통해 여과해서 들으라

부록

내 영혼을 믿는다, 나의 다른 한쪽이 너에게 스스로를 낮추어서는 안된다
너 또한 다른 한쪽에게 낮추어서는 안 된다.

🌿 아이들에 대하여

_ 칼릴 지브란

당신의 자녀는 당신의 것이 아니에요.
아이들은 스스로의 삶을 갈망하는 생명의 아들이자 딸이랍니다.
당신을 거쳐서 나왔을 뿐, 당신으로부터 나온 건 아니에요.
당신과 함께 있지만 당신의 소유는 아닌 것이지요.

아이들에게 사랑을 줄 수는 있지만 생각을 주지 마세요.
스스로 생각할 수 있기 때문이에요.
몸이 머무를 집을 줄 수는 있지만 영혼이 머물 곳은 주지 마세요.
아이의 영혼은 내일의 집에 살기 때이에요.
그곳은 당신이 꿈에서도 갈 수 없는 미래입니다.

당신이 아이와 닮으려 할 수는 있어도 아이가 당신을 닮도록 강요하지 마세요.
인생은 뒤로 물러나지 않고 어제에 머물러 있지 않기 때문이에요.
당신은 활이고, 그 활에서 아이들은 살아있는 화살처럼 앞으로 나아가지요
활 쏘는 자는 무한한 길 위에 과녁을 겨누고
온 힘을 다해 당신을 구부려 화살이 빠르고 멀리 날아가도록 합니다.
활 쏘는 이가 그대를 구부리는 것을 기뻐하세요.
그는 날아가는 화살을 사랑하는 만큼 흔들리지 않는 활도 사랑하니까요.

🌿 네 잎 클로버

_ 엘라 로즈 히긴슨

난 알고 있어요. 태양이 금빛처럼 빛나고
벚꽃이 눈꽃처럼 활짝 피는 곳을
바로 그 아래 세상에서 가장 아름다운
네 잎 클로버가 자라는 구석진 곳을요.

잎 하나는 희망을, 잎 하나는 믿음을,
잎 하나는 사랑을 뜻해요, 그거 알죠.
하나님은 행운을 담은 또 다른 잎을 주셨어요.
찾아보면 네 잎 클로버가 어디에서 자라는지 발견할 수 있을 거예요.

하지만 희망과 믿음을 가져야 해요.
사랑하고 또 강해져야 해요.
노력하면, 그리고 기다리면 그곳을 찾게 되요.
네 잎 클로버가 자라는 곳을요.

✤ 인생을 꼭 이해할 필요는 없다(일부)

_ 라이너 마리아 릴케

인생을 꼭 이해할 필요는 없다.
하루하루를 그저 일어나는 대로 두면 인생은 축제가 될 테니까.
길을 걷던 아이가 바람이 불 때마다
날아드는 꽃잎을 받아 들듯이
아이는 꽃잎을 주워
모아둘 생각 같은 건 전혀 하지 않는다.
머리카락 속으로 기쁘게 날아 들어온
꽃잎을 살며시 털어내고
아름다운 젊은 시절을 향해 다가오는
새로운 꽃잎들에 손을 뻗을 뿐.

【 여름 】

✤ 모든 것을 살아보세요(일부)

_ 라이너 마리아 릴케

마음속에서 풀리지 않은 모든 문제에 인내심을 가지세요.
마치 잠겨있는 방처럼,
이젠 아주 낯선 언어로 쓰인 책과 같은 문제들을
그 자체로 사랑하려고 노력하세요.
당신에게 주어질 수 없는 답을 지금 당장 찾으려 하지 마세요.
그러면 문제를 안고 살아갈 수 없게 되거든요.
중요한 건 모든 것을 살아보는 거예요.
지금 그 문제들을 살아보세요. 그러면 삶을 살아가는
당신에게 점차, 자신도 모르게,
어느 먼 날, 해답이 주어질 거예요.

부록

🌱 마음에 적어보세요

_ 랄프 왈도 에머슨

마음에 적어 보세요
매일이 일 년 중 가장 최고의 날이라는 걸.
하루를 소유하는 사람이 부자랍니다.
초조함과 불안이 침입한 날은 가질 수 없는 날이기 때문이죠.

매일을 마무리하고 마침표를 찍으세요.
할 수 있는 일을 한 날들이니까요.
실수나 말이 안 되는 일들이 있어도 마음에 의심은 들이지 마세요.
가능한 한 빨리 잊어버리세요.
내일은 새로운 날이거든요.
지나간 실수에 휘둘리지 않도록 당당함을 걸치고
평안하게 내일을 잘 시작하세요.

새로운 날은 너무 소중해요.
희망과 초대의 설렘이 있어서
어제 때문에 낭비할 시간이 없을 만큼.

🌱 만약에

_ 러디어드 키플링

만약에 모든 것을 잃고 모두가 비난할 때
머리를 들고 당당할 수 있다면
만약에 모두가 의심할 때 스스로를 믿을 수 있다면
그럼에도 그들의 의심을 수용할 수 있다면
만약에 기다릴 수 있고 기다림에 지치지 않는다면
혹은 속더라도 속이지 않으며
혹은 미움을 받더라도 미움에 지지 않으며
그리고 너무 착한 척하거나 잘난 척 않는다면

만약에 꿈을 가질 수 있다면, 그 꿈에 종속되지 않을 수 있다면
만약에 사고할 수 있다면, 그 생각이 목적되지 않게 할 수 있다면
만약에 성공과 실패를 만날 수 있다면,
그 두 가지 허상을 똑같이 다룰 수 있다면
만약에 내가 말한 진실이 협잡꾼들의 왜곡으로

바보들의 덫이 되는 일을 듣고도 참아낼 수 있다면
혹은 생을 바쳐 이룬 일들이 무너지더라도
나아가 몸을 굽혀 낡은 연장으로 일으켜 세울 수 있다면

만약에 그동안 이룩한 모든 것으로
다시 도전하는 위험을 감수할 수 있다면
그렇게 잃더라도 처음부터 다시 시작할 수 있다면
그렇게 잃은 것을 침묵할 수 있다면
만약에 오래전 심장과 정신과 힘이 다하였더라도
강한 의지로 역할을 해낼 수 있다면
그리고 '견뎌야 해'라고 말하는 의지를 제외하고는
아무것도 남지 않았을 때에도 견딜 수 있다면

만약에 군중과 이야기하면서도 덕을 지킬 수 있고
혹은 왕과 함께 걸어도 겸손함을 잃지 않을 수 있다면
만약에 적이든 친구든 누구에게서도 상처받지 않을 수 있다면
만약에 모두를 존중하지만 아무도 우상화하지 않을 수 있다면
만약에 여지없이 흘러가는 1분을
60초짜리 장거리 달리기로 채울 수 있다면
세상과 그 안의 모든 것은 너의 것이며
너는 비로소 한 사람의 어른이 되는 것이다 아들아!

☙ 결혼에 대하여

_ 칼릴 지브란

당신들은 함께 태어났고, 영원히 함께일 것이다.
죽음의 흰 날개가 그대들의 날을 흐트릴 때에도 함께일 것이다.
하나님의 고요한 기억(죽음 이후의 세계) 속에서도 함께일 것이다.
하지만 함께 있어도 공간을 두라.
하늘의 바람이 둘 사이를 춤추며 불도록 하라.
서로 사랑하되 서로를 사랑으로 구속하지 마라.
그대들 영혼의 해변 사이에서 출렁이는 바다를 놓아두라.
서로의 잔을 채워주되 한쪽의 잔만 마시지 마라.
서로의 빵을 주되 한쪽의 빵만을 먹지 말라.
함께 노래하고 춤추며 즐거워하되 각자 혼자 있게 하라.
루트의 줄들이 하나의 음악으로 떨릴지라도 저마다의 줄은 서로 혼자이듯이.
서로 마음을 주되 서로에게 묶어두지 마라.

부록

오직 삶의 손길만이 그대들 마음을 붙잡을 수 있으니.
함께 서 있되 너무 가까이 서 있지는 말라.
사원의 기둥들도 서로 떨어져 있고,
참나무와 사이프러스도 서로의 그늘 속에서 자랄 수 없기에.

⚘ 나 자신의 노래(일부)

_월트 휘트먼

말이 많은 사람들이 뭐라고 하는지 들어서 안다.
그들은 시작과 끝에 대한 이야기를 한다.
하지만 난 시작이나 끝에 대해 말하지 않는다.

지금이 없이는 결코 시작도 없었다.
지금이 없이는 젊음이나 나이 듦도 없다.
또한 지금이 없이는 절대 완성도 없을 것이다.
지금 없이는 천국이나 지옥도 없으리라.

⚘ 청춘

_새뮤얼 울먼

젊음은 삶의 한때가 아니라 마음의 상태이다.
장밋빛 볼과 앵두 입술과 유연한 무릎이 아니라
의지가 있는지 풍부한 상상력과 활기찬 감정을 가지고 있는지이다.
젊음은 깊은 삶의 샘에서 샘솟는 활기이다.

젊음이란 기질적으로 소심을 넘어서는 용기이며 안일함을 이기고 모험을 갈망하는 것이니
스무 살의 청년보다 예순의 노년에 더 많을 수도 있다.
단지 나이가 든다고 늙는 것이 아니다.
이상을 포기할 때 늙어가는 것이다.

세월은 피부에 주름을 만들지만 열정을 버리면 영혼이 주름지게 된다.
걱정, 두려움, 자기 불신은 영혼의 기를 꺾고 차오르던 정신을 먼지로 바꾸어 놓는다.

노년이든 청년이든, 모든 이의 가슴마다 경이로움에 대한 이끌림이 숨어있고,
다음에는 무엇이 있을까 하는 아이 같은 호기심과 삶이라는 게임에 대한 기쁨이 있다.
그대와 나의 가슴 한가운데 무선 송신국이 놓여 있다.
사람과 하늘로부터 아름다움, 희망, 격려와 용기의 메지시를 받는 한

당신은 영원히 젊은 것이다.

안테나가 꺾이고 영혼이 냉소의 눈과 비관의 얼음으로 묻혀버리면
스무 살이어도 이미 늙은 것이지만 반대로 안테나를 높여
낙관의 파동을 여전히 포착한다면 여든이 되어도 젊음으로 생을 마감할 수 있다.

⚘ 순수의 전조(일부)
_윌리엄 블레이크

한 알의 모래에서 세계를 보고
한 송이의 야생화에서 천국을 보려면
손바닥 안에 있는 무한을 움켜쥐고
찰나 속에 영원을 붙잡아라.

⚘ 무엇이든 최고가 되세요
_더글러스 말록

언덕 위의 소나무가 될 수 없다면
골짜기의 관목이 되세요. 하지만
시냇가 옆의 가장 좋은 관목이 되세요.
나무가 될 수 없다면 덤불이 되세요.

덤불이 될 수 없다면 한 포기의 풀이 되세요.
그래서 어떤 고속도로를 더 행복하게 해주세요.
강의 최고 포식어인 머스키가 될 수 없다면 배스가 되세요.
하지만 호수에서 가장 활기찬 배스가 되세요.

우리 모두가 선장이 될 순 없죠, 선원도 있어야 해요.
이 세상에는 우리 모두가 할 일이 있답니다.
크고 중요한 일도 있고 작고 소소한 일도 있어요.
당신이 해야 할 일은 바로 당신 옆에 있어요.

고속도로가 될 수 없다면 그냥 오솔길이 되세요.
태양이 될 수 없다면 별이 되세요.
당신이 이기고 지는 것은 크기로 결정되지 않아요.
무엇이 되든 그 안에서 최고가 되세요.

🌱 가장 사랑스러운 벚나무
_알프레드 에드워드 하우스먼

가장 사랑스러운 나무인 벚나무는 지금
가지를 따라 만발한 꽃을 드리우고,
숲길 둘레를 따라 서 있네
부활 주일을 위해 하얀 옷을 입고 있듯.

이제, 내 칠십 평생 중
스물은 다시 돌아오지 않으리니
일흔의 봄에서 스물을 빼면,
내게 남는 것은 단 쉰 개의 봄.

그리고 활짝 핀 꽃을 보기엔
쉰 개의 봄은 너무 짧으니
나는 숲길 둘레를 돌아다니며
눈 꽃송이를 드리운 벚꽃을 보아야지.

🌱 마을 대장장이
_헨리 워즈워스 롱펠로

가지를 넓게 펼친 밤나무 아래에
마을의 대장간이 있다.
그곳의 대장장이인 건장한 사나이는
크고 마디 굵은 손에
억센 팔의 근육이
쇠줄처럼 단단하다.

머리칼은 곱슬거리며 검고 길다.
얼굴은 햇빛에 그을러 갈색이고,
이마는 정직한 땀으로 젖어 있다.
그는 벌 수 있는 만큼 벌고
온 세상을 똑바로 바라본다.
그 누구에게도 빚진 일 없기 때문에.

일주일 내내 아침부터 밤까지
그의 풀무질 소리가 들리고,

그는 무거운 쇠망치를
규칙적이고 느리게 휘두른다.
마치 교회의 종지기가
해 질 녘 치는 종소리처럼.

학교에서 돌아오는 아이들은
열린 문으로 들여다본다.
타오르는 용광로의 불길을 보고,
요란한 풀무 소리를 듣고,
타오르며 튀는 불꽃을 잡는 것을 즐거워한다.
타작마당의 겨처럼 튀는 불꽃을.

그는 일요일이면 교회에 나가
그의 자녀들 사이에 앉는다.
목사님 기도와 설교를 듣고
성가대에서 노래하는
딸의 목소리를 듣는다.
그의 마음을 기쁘게 하는 소리다.

그 소리는 마치 딸의 엄마가
천국에서 부르는 노래처럼 들린다!
그는 다시 한 번 그녀를 떠올리게 된다.
그녀가 무덤에 어떻게 누워 있는지를
그리고 굳세고 거친 손으로 닦아 낸다.
눈에 고인 눈물을.

수고하며, -기뻐하며, -슬퍼하며,
삶의 앞날을 향해 나아간다.
매일 아침 일을 시작하고,
매일 저녁 일을 마무리한다.
무언가를 시도하고, 무언가를 이루어냄으로써,
그는 밤의 휴식을 누릴 자격을 얻는다.

그대에게 감사하다, 나의 소중한 친구여,
그대가 전해준 교훈을!
그렇게 인생이라는 불타는 용광로 속에서
우리의 운명은 단련되어 가고,

부록

그렇게 소리가 울려 퍼지는 모루 위에서
우리의 타오르는 행동과 생각이 형성되는 것이다.

【 가을 】

⚘ 성공이란?

_ 배시 앤더슨 스탠리

자주 그리고 많이 웃는 것
현명한 사람들로부터 존경을 얻고 아이들에게 사랑받는 것.
정직한 비평가로부터 인정을 받고 거짓된 친구들의 배신을 견뎌내는 것.
아름다움을 감상할 줄 아는 것.
다른 이들의 가장 좋은 면을 발견하는 것.
건강한 아이를 낳든, 작은 정원을 가꾸든,
사회적 조건을 개선하든 세상을 조금이라도 더 나은 곳으로 만들고 떠나는 것.
당신이 살아있음으로 인해 단 한 사람의 인생이라도 한결 더 쉽게 숨 쉴 수 있는 것.
이것이 진정한 성공이다.

⚘ 잃은 것과 얻은 것

_ 헨리 워즈워스 롱펠로

지금까지 잃은 것과 얻은 것,
놓쳐버린 것과 이루어낸 것,
이를 비교해 보니
자랑할 만한 것이 거의 없네.

나는 알고 있네.
얼마나 많은 날들을 허비했는지를.
어떻게 화살과 같이 선한 의도가
과녁에서 벗어나 빗나갔음을.

하지만 누가 감히
이런 식으로 잃은 것과 얻은 것을 판단할 수 있으랴?
실패는 승리의 다른 모습일 지도 모르고
물살을 바꾸는 것이 바로 가장 낮은 썰물일 지도 모르는데.

⚘ 인생

_샬롯 브론테

인생이란, 믿어보세요, 꿈이 아니에요.
현자들의 말처럼 어둡기만 한 꿈은요.
종종 아침에 내린 비는
즐거운 하루를 예고하지요
때론 어두운 구름도 끼지만
모두 금방 지나간답니다.
소나기가 와서 장미가 핀다면
소나기 내리는 것을 왜 슬퍼하나요?
빠르게 그리고 즐겁게
인생의 햇살 같은 순간은 스쳐 지나가요.
고마운 마음으로 기쁜 마음으로
흘러가는 대로 그 시간을 즐기세요.
때론 죽음이 끼어들어
가장 사랑하는 이를 데려간다 하더라도
슬픔이 이긴 듯
희망을 짓눌러 버리는 것 같아도,
희망은 다시 탄력 있게 솟아오른답니다.
넘어진 듯해도 굴복하지 않고 말이죠.
금빛 날개는 여전히 가볍게 떠올라요
우리가 잘 버틸 수 있게 지탱할 만큼 여전히 강하죠.
씩씩하게 그리고 두려움 없이
힘든 날들을 견뎌내세요.
왜냐하면 영광스럽게, 그리고 찬란한 승리로
용기는 절망을 이겨낼 수 있으니까요.

⚘ 인생 거울

_매틀린 브리지스

세상에는 변치 않는 마음과 굴하지 않는 정신이 있어요.
순수하고 진실한 영혼이 있지요.
그러니 당신이 가진 최상의 것을 세상에 내놓으세요.
그러면 최상의 것이 당신에게 돌아올 거예요.

사랑을 주면 당신의 삶에 사랑이 흘러들어오고

부록

가장 어려울 때 힘이 되어줄 거예요.
믿음을 가져요, 수많은 이들이
당신의 말과 행동을 믿게 될 거예요.

진실을 주면 친절히 선물로 받게 될 거예요.
존경은 존경으로 되돌아오게 될 거예요.
달콤한 미소는 반드시
그에 못지 않는 달콤한 미소를 만나게 될 거예요.

슬퍼하는 이들에게 연민과 위로를 주세요.
다시 꽃으로 거두게 될 거에요.
당신이 뿌린 생각의 씨앗이 흩어져
뿌리는 것이 헛되어 보일지라도 결실을 맺을 거예요.

왕이든 노예이든 삶은 모두의 거울이니까요.
바로 우리가 어떤 존재이며 무엇을 하는지를 비추어요.
그러니 당신이 가진 최상의 것을 세상에 내놓으세요.
그러면 최상의 것이 당신에게 돌아올 거예요.

정답

_거트루드 스타인

정답은 없다.
앞으로도 없을 것이다.
지금까지도 없었다.
그것이 유일한 정답이다.

더 큰 지혜

_에드윈 마컴

그는 원을 그려 밖으로 나를 밀어냈다.
이단자, 반항자, 무시할 존재로 여겼다.
하지만 내겐 사랑과 그걸 이겨낼 지혜가 있었다.
더 큰 원을 그려 그를 원 안으로 데리고 들어왔다.

⚘ 헛되지 않을 텐데

_에밀리 디킨슨

만일 단 한 사람의 무너지는 마음을 막을 수 있다면,
내 삶은 헛되지 않을 텐데.
만일 단 한 인생의 아픔을 다독일 수 있다면,
혹은 고통 하나를 가라앉힐 수 있다면,
혹은 힘없이 쓰러진 울새 한 마리를 도와
둥지 위로 다시 올려줄 수 있다면
내 삶은 헛되지 않을 텐데.

⚘ 나 홀로 섬인 사람은 없다(일부)

_존 던

누구든 섬이 아니다. 그 자체로서 온전하지 않다.
모든 인간은 대륙의 한 조각이며 전체의 일부이다.
만일 흙덩이가 바닷물에 씻겨 내려가면
유럽의 땅은 그만큼 작아지며 만일 곶이 그리 되어도 마찬가지며
만일 그대의 친구들이나 그대의 영지(領地)가 그리 되어도 마찬가지이다.
어느 누구의 죽음도 나를 줄어들게 한다.
왜냐하면 나는 인류에 속한 존재이기 때문이다.
그러니 누구를 위하여 종이 울리는지를 알고자 사람을 보내지 말라.
종은 그대를 위해서 울리는 것이니.

⚘ 하늘이 온통 햇살뿐이라면

_헨리 반 다이크 주니어

하늘이 온통 햇살뿐이라면,
우리의 얼굴은 간절히
다시 한 번 더 원할 거예요.
차가운 빗줄기를 느끼기를요.

세상이 온통 음악뿐이라면,
우리의 마음은 자주
달콤한 한 줄의 침묵이라는 시간을 바랄 거예요.
끝없는 노랫소리를 멈추기 위해서 말이죠.

부록

인생이 항상 즐겁기만 하다면,
우리의 영혼은 안식을 찾을 거예요.
지친 웃음에서 벗어나
슬픔의 잔잔한 품속에서 쉼을 원하는 것이지요.

⚘ 미워할 시간이 없네

_ 에밀리 디킨슨

미워할 시간이 없네.
왜냐하면
무덤이 막을 테니까.
삶이 그리
길지 않아서
미워하는 마음을 끝낼 수 없을 테니까.

사랑할 시간도 없네.
그래도
뭔가는 해야 하기에
작은 사랑의 수고라도
내 생각엔
충분히 나에게 큰일이네.

【 겨울 】

⚘ 삶이 그대를 속일지라도

_ 알렉산더 푸시킨

삶이 그대를 속일지라도
슬퍼하거나 불평하지 말라.
고통의 날을 참고 견디면,

기쁨의 날이 오고야 말리니.
마음은 미래에 살고
슬픔은 끝이 있기 마련이니

모든 것은 순식간에 지나가고
내일은 기쁨을 맞이하게 되리라.

☙ 고통에 대하여
_ 칼릴 지브란

당신의 고통은 당신의 깨달음을 감싸고 있는 껍질을 깨는 것이다.
과일의 씨앗 겉껍데기가 깨어져야 그 핵심이 햇빛에 드러나듯이
당신도 고통을 이해해야 한다.
일상의 기적에 대한 경이로움을 마음에 간직하듯이
기쁨만큼이나 고통도 경이롭게 느껴질 것이니
당신이 항상 들판 위로 지나가는 계절을 언제나 받아들였듯이
당신 마음의 계절도 받아들여야 한다.
그리고 고요히 슬픔의 겨울을 지나는 것을 지켜보게 되리니.

고통의 많은 부분은 스스로 선택한 것이다.
쓴 약이 되어 의사가 당신 안에 병든 자아를 치료한다.
그러니 의사를 믿으라 조용하고 침착하게 그 약을 마시라.
왜냐하면 그의 손이 아무리 무겁고 거칠더라도
보이지 않는 이의 부드러운 손길이 인도하시기에.
그가 주는 잔이 비록 그대 입술을 불타게 할지라도
그것은 토기장이가 신성한 눈물로 적신 흙으로 빚은 것이기에.

☙ 저 좋은 밤으로 순순히 들어가지 마세요
_ 딜런 토마스

저 좋은 밤으로 순순히 들어가지 마세요
노년에 날이 저무는 것을 타오르며 분노해야 해요.
분노하세요 빛이 꺼져감에 분노하세요.

비록 현자들은 마지막에 어둠이 당연하다는 것을 알지만
자신들의 말이 번뜩이는 지혜가 아니었기에
그들은 저 좋은 밤으로 순순히 들어가지 않지요.

선한 자들은, 마지막 물결 옆에서, 얼마나 빛났을지를 외쳐요.
쇠약한 지난 행동들이 푸른 바닷가에서 춤을 추었다면 (얼마나 빛났을지를)
분노하세요 빛이 꺼져감에 분노하세요.

부록

달아나는 태양을 잡아 노래했던 무법자들
그리고 뒤늦게야, 태양이 떠나버린 것을 알고 애석하기에
저 좋은 밤으로 순순히 들어가지 마세요.

죽음 가까이에서 시력이 어두워진 엄숙한 자들,
멀어버린 눈도 유성처럼 타올라 밝아질 수 있으니
분노하세요 빛이 꺼져감에 분노하세요.

그리고 당신, 그 슬픈 고지에 있는 나의 아버지여,
제발, 이제 당신의 치열한 눈물로 저를 저주하고 축복해주세요
저 좋은 밤으로 순순히 들어가지 마세요.
분노하세요 빛이 꺼져감에 분노하세요.

🌿 잊어요

_ 사라 티스데일

잊어버려요 꽃을 잊듯.
잊어버려요 한 때 황금빛을 노래하던 불꽃을 잊듯.
영영 잊어버려요.
세월은 고마운 친구예요 우리를 나이 들게 하니까요.

누가 묻거든 잊었다고 말하세요.
오래전 아주 오래전에 잊었노라고.
꽃처럼, 불꽃처럼, 고요한 발소리처럼
오래전 눈에 묻혀 잊었다고.

🌿 천 개의 바람이 되어

_ 메리 엘리자베스 프라이

나의 무덤 앞에서 울지 마세요.
나는 그곳에 없어요. 죽었다고 생각하지 말아요.
나는 천 개의 바람이 되어 자유롭게 날고 있어요.
나는 눈 위에 빛나는 다이아몬드이고
익어가는 곡식을 비추는 햇빛이며
부드럽게 내리는 가을비랍니다.
당신이 아침의 고요함에서 깨어날 때

나는 빠르게 위로 올라가요.
빙그레 원을 그리며 날아오르는 말 없는 새들과 함께 말이죠.
나는 밤하늘에 빛나는 부드러운 별빛이에요.
내 무덤 앞에서 울지 말아요.
나는 그곳에 없어요.
나는 죽지 않았어요.

⚘ 누가 나무를 가장 사랑하나요?

_ 앨리스 메이 더글라스

누가 나무를 가장 사랑하나요?
“저요,” 봄이 말했어요.
“내가 아름다운 나뭇잎을 가져다주거든요.”
누가 나무를 가장 사랑하나요?
“저요,” 여름이 말했어요.
“내가 꽃을 피워주거든요. 하얀색, 노란색, 빨간색으로요.”
누가 나무를 가장 사랑하나요?
“저요,” 가을이 말했어요.
“나는 내가 싱싱한 과일과 화려한 색깔을 입혀주거든요.”
누가 나무를 가장 사랑하나요?
“내가 가장 사랑하지요,” 모진 겨울이 말했어요.
“나는 나무들에게 쉼을 주거든요.”

⚘ 허락하소서

_ 라빈드라나트 타고르

위험에서 보호해 달라고 기도하지 말고
위험을 마주할 때 두려워하지 않도록 기도하게 하소서.

고통을 멈추어 달라고 기도하지 말고
고통을 이겨 낼 마음을 달라고 기도하게 하소서.

인생의 전쟁터에서 도와줄 사람을 찾는 대신
스스로 힘으로 맞서도록 기도하게 하소서.

불안에 떨며 두려움 속에서 구원을 바라기보다
자유를 쟁취할 수 있는 인내를 소망하게 하소서.

부록

비겁자가 되지 않도록 하소서
성공을 했을 때만 당신의 자비를 느끼는 대신
실패 속에서도 당신의 손길을 느끼게 하소서.

독을 품을 나무
_윌리엄 블레이크

친구에게 화가 났네.
분노를 말했더니 분노가 사라졌네.
적에게 화가 났네.
분노를 말하지 않았더니 분노가 자라났네.

두려움으로 분노에 물을 주었지.
밤낮으로 흘린 눈물을 적시며.
미소로 햇살을 쬐어 주었네.
부드럽고 교묘하게 속이며 말이지.

그러자 분노는 밤낮으로 자라나,
반짝이는 사과 열매를 맺었네.
내 적은 그 빛나는 사과를 보며,
그것이 내 것임을 알아차렸지.

그는 나의 정원에 몰래 들어왔네.
밤의 장막이 드리워졌을 무렵에.
다음 날 아침 나는 기쁘게 보았지.
나의 적이 나무 아래 뻗어 있는 것을 보고.

참고문헌

강선구, 《낭만주의 영시해설》, 한신문화사(2002)
김문수·이두진·이철 공저, 《영시 이해의 기초》, 한국방송통신대학교출판문화원(2025)
동일선, 《영시 해설》, 사색공간(2024)
릴케, 《릴케 신시집》, 이정순 역, 현암사(2001)
영미문학 연구회, 《영미문학의 길잡이 1,2》, 창비(2001)
월트 휘트먼, 《월트 휘트먼 시선: 오 캡틴! 마이 캡틴!》, 공진호 역, 아티초크(2016)
월트 휘트먼, 《풀잎》, 열린책들(2011)
윤희억, 《영국 문학의 이해》, 지문당(1999)
이철, 《낭만주의와 현대 영시의 이해》, 신아사(2014)
칼릴 지브란, 《예언자》, 류시화 역, 무소의뿔(2018)
http://www.poemanalysis.com
https://www.poetryfoundation.org

마음에 힘이 되는 하루 한 문장 영시 필사

초판 1쇄 발행 2026년 2월 6일

지은이 위혜정
펴낸곳 (주)센시오

책임 편집 정아영
디자인 Design IF
경영지원 임효순
펴낸이 정덕식, 김재현

출판등록 2009년 10월 14일 제300-2009-126호
주소 서울특별시 마포구 성암로 189, 1707-2호
전화 02-734-0981
팩스 02-333-0081
메일 sensio@sensiobook.com

ISBN 979-11-6657-214-2 03740

소중한 원고를 기다립니다. sensio@sensiobook.com